高校入試対策総復習

これ1冊で

しっかりやり直せる

中学英語

くもん出版

特長としくみ

中学3年分の基礎を
しっかり固める!

本書には, 中学英語の大切な基礎が、整理されて入っています。学力を伸ばすには, 土台となる基礎力をしっかり固める必要があります。入試対策においても, 基礎力を固めた上で実戦力をつけることがいちばん効率的です。高校入試対策の第一歩として, 基礎力のレベルアップをめざしたい人に最適です。

チェックテスト方式で
集中力を高める!

中学英語を効率的に復習するため, チェックテスト方式を採用しています。まず, どれだけ自力でできるかを試してから, 間違ったところを中心に右ページのポイントの解説を読みます。これにより, 集中力を高めて中学英語の総整理と弱点克服ができます。

————

中学英語の基礎を
ポイント解説に凝縮!

チェックテストの解説は, そのまま中学英文法の系統立った解説になっています。この構成の中に, 英文法の重要事項がすべておさめられているので, 短期集中で, すっきりと中学英語の基礎確認ができます。

————

豊富な問題量で徹底トレーニング!

チェックテストとポイント解説で復習と整理を終えたら, 次は, さまざまな形式の問題を解いて, 運用力を高めます。文法知識を確実にするだけでなく, 基礎的な英作文力まで身につけることができます。

本書の使い方

まず,〈基本文のチェック〉から!

はじめに,各章の最初にある12の基本文のチェックテストを
やりましょう。本書では,中学英語の基礎が基本文に凝縮され
ています。これをマスターすることが,中学英語全体の土台に
なります。このチェックテストの解説が,右ページの〈基本ポ
イント〉です。

〈発展問題〉で文法事項の定着を!

理解した知識は,使って試すことによってはじめて完全に身に
つきます。〈発展問題〉では,チェックテストとポイント解説
で確認したことを,少し角度を変え,さまざまな問題形式でト
レーニングします。これにより,重要な文法ポイントがしっか
りと定着します。

〈完成問題〉で実践力への橋渡し!

文法力を入試実戦力へ高めるには,運用力をつけていかなくて
はなりません。〈完成問題〉では,英作文を中心に,英語の運
用力をつけるトレーニングをします。自分で文を組み立てたり,
書いたりすることで,文法の知識は完全に自分のものになり,
使える英語力になります。

〈高校入試基礎問題 模擬テスト〉に挑戦!

学習の最後に,様々なジャンルの問題を扱った総合テストに挑
戦できます。これまでの学習の定着度をはかり,学習でつちか
った実力を試してみましょう。

▶各問題の答えあわせをする際,できた問
題には,後ろにある1つ目のチェックボック
ス(□)にチェック(✔)を入れ,できなかっ
た問題はそのままにしておいて,再度チャレ
ンジしましょう。2つ目のチェックボックスは,
入試前の再確認などに利用しましょう。

▶巻末〈付録〉では,動詞・名詞・形容詞な
どの変化形の作り方や,前置詞・連語などの,
基本事項の最終チェックができるようになっ
ています。基礎に自信のない人は,ここもしっ
かりとやりましょう。

目次

＊〈基本文のチェック〉は，右ページの同じ番号の英文が解答になっていますが，
　問題の解答個所（空所）と右ページの英語の太字は，必ずしも一致してはいません。

3

1 一般動詞の文 • • • • • • • • • • • • • •

基本文のチェック ▶

1 日本文の意味を表すように, ( )に適当な1語を入れなさい。

---

❶ I ( ) tennis.

私はテニスを**します**。　001 ☐☐

---

❷ I ( ) Tom ( ).

私はトムをよく**知っています**。　002 ☐☐

---

❸ We ( ) ( ) the park every day.

私たちは毎日, 公園に**行きます**。　003 ☐☐

---

❹ ( ) you ( ) Mr. Clark? — Yes, I ( ).

あなたはクラークさんを**知っていますか**。— はい, **知っています**。　004 ☐☐

---

❺ ( ) you ( ) Japanese? — No, I ( ).

あなたは日本語を**話しますか**。— いいえ, **話しません**。　005 ☐☐

---

❻ They ( ) ( ) a car.

彼らは車を**持っていません**。　006 ☐☐

---

2 日本文の意味を表すように, ( )に適当な1語を入れなさい。

---

❶ He ( ) in New York now.

彼はいま, ニューヨークで**働いています**。　007 ☐☐

---

❷ My sister ( ) the dishes after dinner.

私の姉は夕食後に皿を**洗います**。　008 ☐☐

---

❸ Tom ( ) Chinese at school.

トムは学校で中国語を**勉強しています**。　009 ☐☐

---

❹ ( ) Mr. Brown ( ) English? — Yes, he ( ).

ブラウン先生は英語を**教えていますか**。— はい, **教えています**。　010 ☐☐

---

❺ ( ) she ( ) rock music? — No, she ( ).

彼女はロックが**好きですか**。— いいえ, **好きではありません**。　011 ☐☐

---

❻ He ( ) ( ) very fast.

彼はあまり速く**走りません**。　012 ☐☐

---

study（勉強する）, like（好きである）のように, 動作や状態を表す動詞を一般動詞といいます。
主語が3人称単数（I, you 以外の単数）で現在の文のときは, 動詞に s か es をつけます。

基本ポイント

1 一般動詞の文には, 目的語（「～を」にあたる語）のある文とない文がある。

■目的語のある文：〈主語＋動詞＋目的語….〉

❶ I **play** tennis. 〈tennis が目的語〉

❷ I **know** Tom well. 〈Tom が目的語〉

＊well は「よく」という意味の副詞で, 動詞 know を修飾している。

■目的語のない文：〈主語＋動詞….〉

❸ We **go** to the park every day. 〈動詞 go には目的語がない〉

＊go（行く）のように目的語がない動詞の場合, 修飾語句が続くことが多い。
to the park も every day も修飾語句。

■一般動詞の疑問文：〈Do ＋主語＋動詞…?〉で「～しますか」の意味を表す。

答え方：〈Yes, 代名詞＋ do.〉／〈No, 代名詞＋ don't.〉

❹ **Do** you **know** Mr. Clark? — Yes, I **do**. 〈答えの文では主語は I になる〉

❺ **Do** you **speak** Japanese? — No, I **don't**. 〈don't = do not〉

■一般動詞の否定文：〈主語＋ don't ＋動詞….〉で「～しません」の意味を表す。

❻ They **don't have** a car.

2 主語が3人称単数で現在の文のときは, 動詞を3人称単数現在形にする。

■3人称単数現在形を正しく書こう。つくり方は p.103参照。

❶ He **works** in New York now. 〈work は s をつける〉

❷ My sister **washes** the dishes after dinner. 〈wash は es をつける〉

❸ Tom **studies** Chinese at school. 〈study は y を i にかえてから es をつける〉

＊He も My sister も Tom も3人称（私・あなた以外）で単数（1人）。

■3人称単数現在の疑問文：〈Does ＋主語＋動詞の原形…?〉

答え方：〈Yes, 代名詞＋ does.〉／〈No, 代名詞＋ doesn't.〉

❹ **Does** Mr. Brown **teach** English? — Yes, he **does**.

❺ **Does** she **like** rock music? — No, she **doesn't**. 〈doesn't = does not〉

■3人称単数現在の否定文：〈主語＋ doesn't ＋動詞の原形….〉

❻ He **doesn't run** very fast. 〈doesn't のあとの run に s はつかない〉

入試アドバイス

主語が3人称単数で現在の文の場合, 動詞に s や es がつくというのは, 基本中の基本ですが, 英作文などでは, つけ忘れるケースも多く見受けられます。日本語にはない, 英語特有のルールなので, しっかりとマスターしておきましょう。

発展問題 >> 解答書 p.2

1 次の英文の(　　)に入る最も適当なものを1つ選びなさい。 □□

(1) Bob (　　) practice tennis on Friday.

　　ア isn't　　　　イ aren't　　　　ウ don't　　　　エ doesn't

(2) (　　) Ken and Lucy read comic books?

　　ア Do　　　　　イ Does　　　　　ウ Are　　　　　エ Is

(3) We often (　　) to the library after school.

　　ア visit　　　　イ study　　　　ウ go　　　　　エ use

(4) My father likes music and often (　　) to CDs.

　　ア listen　　　　イ listens　　　　ウ listening　　　エ listened

2 日本文の意味を表すように，＿＿ に適当な1語を入れなさい。 □□

(1) 彼女はテレビでドラマを見ます。

　　She ＿＿＿＿＿ dramas on TV.

(2) ゆかりは私の姉を知りません。

　　Yukari ＿＿＿＿＿ ＿＿＿＿＿ my sister.

(3) 私は毎年夏に，海で泳ぎます。

　　I ＿＿＿＿＿ ＿＿＿＿＿ the sea every summer.

(4) ヒルさんは日本語を話しますか。— いいえ，話しません。

　　＿＿＿＿＿ Mr. Hill ＿＿＿＿＿ Japanese? — ＿＿＿＿＿, he ＿＿＿＿＿.

(5) あなたは歩いて学校に行きますか。— はい，歩いて行きます。

　　＿＿＿＿＿ you ＿＿＿＿＿ to school? — ＿＿＿＿＿, I ＿＿＿＿＿.

3 (　　)内の指示に従って書きかえるとき，＿＿ に適当な1語を入れなさい。 □□

(1) I have two brothers. (下線部を He にかえた文に)

　　＿＿＿＿＿ ＿＿＿＿＿ two brothers.

(2) Taro leaves for school at eight. (疑問文に)

　　＿＿＿＿＿ ＿＿＿＿＿ ＿＿＿＿＿ for school at eight?

(3) I have a math class on Monday. (否定文に)

　　I ＿＿＿＿＿ ＿＿＿＿＿ a math class on Monday.

(4) She cleans the rooms in the morning. (下線部を複数形にかえた文に)

　　＿＿＿＿＿ ＿＿＿＿＿ the rooms in the morning.

完成問題

>> 解答書 p.2

1 次の英文の日本語訳を完成させなさい。 □□

(1) Does Emily like tennis very much?

エミリーはテニスが＿＿＿＿＿＿＿＿＿＿＿＿＿＿＿＿＿＿＿＿＿＿＿＿。

(2) I usually help my mother after dinner.

私は夕食後は＿＿＿＿＿＿＿＿＿＿＿＿＿＿＿＿＿＿＿＿＿＿＿＿＿＿。

(3) Mr. White plays the guitar well.

ホワイトさんはギターを＿＿＿＿＿＿＿＿＿＿＿＿＿＿＿＿＿＿＿＿＿。

(4) Do you study English hard every day?

あなたは毎日＿＿＿＿＿＿＿＿＿＿＿＿＿＿＿＿＿＿＿＿＿＿＿＿＿＿。

2 (　) の中の語を並べかえて，日本文の意味を表す文を完成させなさい。 □□

(1) My grandmother (in / live / not / this / does) town.

私の祖母はこの町には住んでいません。

- -

(2) Nancy and I (together / to / don't / school / go).

ナンシーと私はいっしょに通学していません。

- -

(3) We (in / him / talk / English / to).

私たちは彼と英語で話をします。

- -

(4) (want / your / a / sister / does) new bag?

あなたのお姉さんは新しいかばんをほしがっていますか。

- -

3 (　) の語を使って，日本文にあう英文を書きなさい。 □□

(1) 彼は11時に寝ます。　(bed)

- -

(2) あなたは家でコンピュータを使いますか。　(home)

- -

2 be 動詞の文 •••••••••••••

基本文のチェック ▶

1 日本文の意味を表すように, (　　) に適当な1語を入れなさい。

❶ I (　　　　) a student from Canada.
私はカナダ出身の学生**です**。 　　013 ☐☐

❷ You (　　　　) a kind girl.
あなたは親切な女の子**です**。 　　014 ☐☐

❸ He (　　　　) Jim's brother.
彼はジムのお兄さん**です**。 　　015 ☐☐

❹ We (　　　　) tired now.
私たちはいま疲れ**ています**。 　　016 ☐☐

❺ Mary and Kate (　　　　) (　　　　) classmates.
メアリーとケイトは同級生**ではありません**。 　　017 ☐☐

❻ (　　　　) (　　　　) free now? — Yes, I (　　　　).
あなたはいま, ひま**ですか**。— ええ, ひま**です**。 　　018 ☐☐

2 日本文の意味を表すように, (　　) に適当な1語を入れなさい。

❶ I (　　　　) (　　　　) a baseball game on TV now.
私はいまテレビで野球の試合を**見ています**。 　　019 ☐☐

❷ Nick (　　　　) (　　　　) now.
ニックはいま**走っていません**。 　　020 ☐☐

❸ (　　　　) you (　　　　) a letter now? — No, I'm (　　　　).
あなたはいま手紙を**書いているのですか**。— いいえ, **書いていません**。 　　021 ☐☐

❹ My mother (　　　　) (　　　　) the kitchen.
私の母は台所に**います**。 　　022 ☐☐

❺ (　　　　) (　　　　) an apple on the table.
テーブルの上にりんごが1個**あります**。 　　023 ☐☐

❻ (　　　　) (　　　　) any hotels near here? — Yes, (　　　　) (　　　　).
この近くにホテルは**ありますか**。— はい, **あります**。 　　024 ☐☐

be 動詞は，主語によって am, are, is を使い分けます。be 動詞は「…は〜だ」，「（〜に）ある」という意味を表す文のほかに，現在進行形の文や There is〔are〕〜. の文でも使われます。

基本ポイント

[1] 「〜は…です」を意味する文では，be 動詞のあとに名詞や形容詞がくる。

■ be 動詞のあとに名詞がくる文。be 動詞は，主語の人称や数によって使い分ける。

❶ I **am** a student from Canada. 〈am は主語が I の場合のみ〉

❷ You **are** a kind girl. 〈are は主語が you, 複数の場合〉

❸ He **is** Jim's brother. 〈is は主語が3人称単数の場合〉

■ be 動詞のあとに形容詞（性質や状態などを表す語）がくる文。

❹ We **are** tired now. 〈tired は形容詞〉

＊形容詞には，名詞の前に置く使い方と，be 動詞のあとに置く使い方がある。

■ be 動詞の文の否定文は，be 動詞のあとに not を置く。

❺ Mary and Kate **are not** classmates. 〈主語の A and B は複数〉

■ be 動詞の文の疑問文は，be 動詞を主語の前に出す。

答え方：〈Yes, 代名詞＋ be 動詞.〉／〈No, 代名詞＋ be 動詞＋ not.〉

❻ **Are you** free now? — Yes, I am.

[2] 現在進行形の文と There is〔are〕〜. の文。これらも be 動詞を使う重要な文。

■現在進行形：〈am〔are, is〕＋〜ing〉で現在進行中のことを表す。

「〜しているところです」の意味。動詞の ing 形のつくり方は p.103参照。

❶ I **am watching** a baseball game on TV now.

■現在進行形の否定文は not を be 動詞のあとに置き，疑問文は be 動詞を主語の前に出す。

❷ Nick **isn't running** now. 〈run は n を重ねて ing をつける〉

❸ **Are** you **writing** a letter now? — No, I'm not. 〈write は e をとって ing をつける〉

■特定の物や人が「ある〔いる〕」というときは，〈主語＋ be 動詞＋場所を表す語句.〉で表す。

❹ My mother **is** in the kitchen. 〈in the kitchen が場所を表す語句〉

■不特定の物や人が「ある〔いる〕」というときは，〈There is〔are〕〜.〉で表す。

主語は There is〔are〕のあとにくる。主語が単数なら is, 複数なら are。

❺ **There is** an apple on the table.

❻ **Are there** any hotels near here? — Yes, **there are**. 〈答えの文でも there を使う〉

＊There is〔are〕〜. の疑問文は be 動詞を there の前に出す。

入試アドバイス

be 動詞は，ふつうの be 動詞の文のほかに，進行形の文，There is〔are〕〜. の文，あとで習う受け身の文でも使います。どの用法でも，主語による使い分けや疑問文・否定文のつくり方は同じです。英作文などで正しく書けるよう，基本をしっかりおさえておきましょう。

発展問題

>> 解答書 p.3

1 次の英文の（　　）に入る最も適当なものを１つ選びなさい。　　□□

(1) There (　　) two balls in the bag.

　　ア　have　　　　イ　am　　　　ウ　is　　　　エ　are

(2) She (　　) not a college student.

　　ア　is　　　　　イ　are　　　　ウ　do　　　　エ　does

(3) My father is (　　) a doghouse now.

　　ア　make　　　　イ　makes　　　ウ　making　　　エ　made

(4) Are you classmates? — (　　　　)

　　ア　Yes, I am.　　イ　Yes, I do.　　ウ　Yes, we are.　　エ　Yes, you are.

2 日本文の意味を表すように，＿＿に適当な１語を入れなさい。　　□□

(1) あなたはいま昼食を食べているのですか。— いいえ，食べていません。

　　_____ you _____ lunch now? — No, _____ _____.

(2) 私のラケットは机の下にあります。

　　My racket _____ _____ the desk.

(3) あなたの部屋にはベッドがありますか。— はい，あります。

　　_____ _____ a bed in your room? — Yes, _____ _____.

(4) その少年たちはとても背が高い。

　　The boys _____ very _____.

(5) サムと私は14歳です。

　　Sam _____ I _____ fourteen years old.

3 （　　）内の指示に従って書きかえるとき，＿＿に適当な１語を入れなさい。　　□□

(1) I swim in the pool. （現在進行形の文に）

　　_____ _____ in the pool.

(2) There is a glass on the table. （下線部を five にかえた文に）

　　_____ _____ five _____ on the table.

(3) He is washing the car in the garden. （下線部を複数形にかえた文に）

　　_____ _____ _____ the car in the garden.

(4) There is a pen in my case. （否定文に）

　　There _____ _____ pen in my case.

完成問題

>> 解答書 p.3

1 次の各組の英文がほぼ同じ意味になるように，___に適当な1語を入れなさい。　□□

(1) A week has seven days.

_____ _____ seven days in a week.

(2) Steve plays soccer well.

Steve is a _____ _____ player.

(3) This is a nice racket.

This racket _____ _____.

(4) Ms. Yoshida teaches history to us.

Ms. Yoshida _____ _____ history teacher.

2 （　）の中の語句を並べかえて，日本文の意味を表す文を完成させなさい。　□□

(1) (is / the girl / her / homework / doing) now.

その女の子はいま宿題をしています。

----

(2) (any / are / pictures / the wall / on / there)?

壁には写真がはってありますか。

----

(3) (is / in / my / garden / the / father).

私の父は庭にいます。

----

(4) (a / not / they / song / singing / are).

彼らは歌を歌っていません。

----

3 （　）の語句を使って，日本文にあう英文を書きなさい。　□□

(1) 箱の中に1個のオレンジがあります。 (the box)

----

(2) 彼はいまピアノをひいていますか。 (piano)

----

3 さまざまな疑問文 ・・・・・・・・・・

基本文のチェック ▶

1 日本文の意味を表すように，（　　）に適当な1語を入れなさい。

❶ （　　　）（　　　）this? — It's a CD player.
これは**何ですか**。— ＣＤプレーヤーです。　　025 □□

❷ （　　　）（　　　）（　　　）you like? — I like spring.
あなたは**どの季節が**好きですか。— 春が好きです。　　026 □□

❸ （　　　）（　　　）（　　　）that? — It's Tom's.
あれは**だれの自転車ですか**。— トムのです。　　027 □□

❹ （　　　）（　　　）John visit his uncle? — On Sundays.
いつジョンはおじさんを訪ねます**か**。— 日曜日です。　　028 □□

❺ （　　　）（　　　）they play tennis? — They play it in the park.
彼らは**どこで**テニスをします**か**。— 公園でします。　　029 □□

❻ （　　　）（　　　）you usually come to school? — By bus.
あなたはふつう**どうやって**学校に来ます**か**。— バスで来ます。　　030 □□

❼ （　　　）（　　　）you read his books? — Because they are very interesting.
あなたは**なぜ**彼の本を読むのです**か**。— とてもおもしろいからです。　　031 □□

2 日本文の意味を表すように，（　　）に適当な1語を入れなさい。

❶ （　　　）（　　　）（　　　）do we have today? — Five classes.
きょうは**いくつの**（＝何時間）授業があります**か**。— 5時間です。　　032 □□

❷ （　　　）（　　　）is that bridge? — It's about 200 meters long.
あの橋は**どのくらいの長さ**ですか。— 約200メートルです。　　033 □□

❸ （　　　）（　　　）this computer? — My brother （　　　）.
だれがこのコンピュータを**使いますか**。— 私の兄が**使います**。　　034 □□

❹ （　　　）he your brother （　　　）your friend? — He's my brother.
彼はあなたのお兄さん**ですか**，**それとも**友だちですか。— 兄です。　　035 □□

❺ （　　　）you like milk? — （　　　）, I don't.
あなたは牛乳が好き**ではないのですか**。— **はい**，好きではないです。　　036 □□

what, who, when, where, how などの疑問詞で始まる疑問文では, いつも疑問詞が文頭に置かれます。答えの文では yes や no を使わず, たずねられた内容に具体的に答えます。

基本ポイント

1 疑問詞のあとには, ふつう, 疑問文の形 (do ＋主語＋動詞の原形…? など) が続く。

■ what「何；何の〜」と which「どちら, どれ；どちらの〜, どの〜」

　what は範囲が限られていない場合に, which は限られた範囲から選択する場合に使う。

　❶ **What is** this?

　❷ **Which season do** you like?

■ who「だれ」と whose「だれの〜；だれのもの」

　❸ **Whose bike is** that? 〈所有者をたずねる〉

　　＊whose の疑問文に答えるときは, 所有代名詞 (mine, yours など) や 〜's を使う。

■ when「いつ」と where「どこで」

　❹ **When does** John visit his uncle?

　❺ **Where do** they play tennis?

■ how「どうやって, どんなふうに」と why「なぜ」

　❻ **How do** you usually come to school? 〈手段・方法〉

　❼ **Why do** you read his books? 〈理由〉

　　＊Why 〜? には, ふつう Because 〜.「なぜなら〜」や To 〜.「〜するために」で答える。

2 疑問詞が主語になる疑問文や, 否定疑問文など, 注意すべき疑問文を確認しておこう。

■〈how ＋形容詞〔副詞〕〉の形で "程度" をたずねる表現もある。how many 〜「いくつの〜」, how old「何歳」, how tall「どのくらいの高さ」, how much「いくら」など。

　❶ **How many classes** do we have today? 〈how many のあとの名詞は複数形〉

　❷ **How long** is that bridge? 〈how long は距離や時間の長さをたずねる〉

■疑問詞が主語の場合は, ふつうの文と同じ形 (主語＋動詞…) になる。

　❸ **Who uses** this computer? — My brother **does**.

　　＊who や what などはふつう3人称単数扱いなので, uses とする。

■2つのうちのどちらかをたずねるときは, A or B (A それとも B) を使う。

　❹ **Is** he your brother **or** your friend?

■否定疑問文 (〜ではないのですか, 〜しないのですか) では, 答え方に注意が必要。

　❺ **Don't** you like milk? — **No,** I don't. 〈否定の内容を答える場合は No を使う〉

入試アドバイス

疑問詞で始まる疑問文は, リスニングテストや読解問題などの, 英文の内容に関する問題でよく使われます。それぞれの疑問詞の意味や, 疑問詞で始まる疑問文に対する答え方を, ここでしっかりと確認するようにしましょう。

発展問題

1 次の英文の（　）に入る最も適当なものを１つ選びなさい。　□□

(1) How (　　　) is your father?　—　He is forty-three years old.

　　ア　tall　　　　　イ　often　　　　ウ　old　　　　エ　far

(2) (　　　) do you want, this cake or that one?

　　ア　Which　　　イ　What　　　　ウ　Why　　　　エ　How

(3) (　　　) is your birthday? — It's October 12.

　　ア　How　　　　イ　When　　　　ウ　What　　　エ　Where

(4) How is the weather today?　—　(　　　)

　　ア　I'm fine, thank you.　　　　イ　It is Saturday today.

　　ウ　For two hours.　　　　　　　エ　It's sunny.

2 次の対話文が完成するように，＿＿に適当な１語を入れなさい。　□□

(1) ＿＿＿＿＿＿ is this bag?

　　— It's mine.

(2) ＿＿＿＿＿＿ ＿＿＿＿＿＿ ＿＿＿＿＿＿ are there in your class?

　　— There are 38 students in our class.

(3) ＿＿＿＿＿＿ ＿＿＿＿＿＿ your cat?

　　— It is on the bed.

(4) Why does George come to school early?

　　＿＿＿＿＿＿ he practices soccer before school.

3 日本文の意味を表すように，＿＿に適当な１語を入れなさい。　□□

(1) この帽子はいくらですか。

　　＿＿＿＿＿＿ ＿＿＿＿＿＿ is this cap?

(2) だれが毎朝，朝食を作りますか。— 私の母です。

　　＿＿＿＿＿＿ ＿＿＿＿＿＿ breakfast every morning? — My mother ＿＿＿＿＿＿.

(3) あなたは疲れていないのですか。— いいえ，疲れています。

　　＿＿＿＿＿＿ ＿＿＿＿＿＿ tired? — ＿＿＿＿＿＿, I ＿＿＿＿＿＿.

(4) アンは何のスポーツをしますか。— テニスをします。

　　＿＿＿＿＿＿ ＿＿＿＿＿＿ does Ann play? — She plays tennis.

(5) あなたはどうやってこの機械を使いますか。

　　＿＿＿＿＿＿ ＿＿＿＿＿＿ you use this machine?

完成問題

1 下線部をたずねる文になるように，____に適当な1語を入れなさい。　□□

(1) It's <u>a plane</u>.

_____ _____ that?

(2) It's <u>my sister's</u> notebook.

_____ _____ is this?

(3) I usually <u>walk</u> to school.

_____ _____ you go to school?

(4) She watches TV <u>after dinner</u>.

_____ _____ she watch TV?

2 （　　）の中の語を並べかえて，日本文の意味を表す文を完成させなさい。　□□

(1) (a / you / use / computer / can't)?

あなたはコンピュータが使えないのですか。

----

(2) (care / who / this / takes / of) dog?

だれがこの犬の世話をするのですか。

----

(3) (racket / your / or / new / is) old?

あなたのラケットは新しいですか，それとも古いですか。

----

(4) (it / long / how / take / does) from here to school?

ここから学校までどのくらいかかりますか。

----

3 （　　）の語を使って，日本文にあう英文を書きなさい。　□□

(1) あなたはなぜ一生懸命に英語を勉強するのですか。　(hard)

----

(2) あの女の子はどこに住んでいますか。　(that)

----

4 名詞と代名詞・・・・・・・・・・・・・・

基本文のチェック ▶

1 日本文の意味を表すように，（　　）に適当な1語を入れなさい。

❶ Mary has (　　) (　　) in her hand.
メアリーは手に（**1つの**）**かばん**を持っています。 037 ☐☐

❷ I drink (　　) every day.
私は毎日**牛乳**を飲みます。 038 ☐☐

❸ I need (　　) (　　) for dinner.
私は夕食のために**いくつかの卵**が必要です。 039 ☐☐

❹ We have (　　) (　　) today.
私たちはきょう，**5つの**（＝5時間）**授業**があります。 040 ☐☐

❺ There are (　　) (　　) in our town.
私たちの町には**2つの図書館**があります。 041 ☐☐

❻ There are (　　) (　　) in the park.
公園には**たくさんの子どもたち**がいます。 042 ☐☐

2 日本文の意味を表すように，（　　）に適当な1語を入れなさい。

❶ Tom is (　　) classmate. (　　) like (　　).
トムは**私の**同級生です。**私は彼が**好きです。 043 ☐☐

❷ Does (　　) often visit (　　) grandmother?
彼女はよく（**彼女の**）祖母を訪ねますか。 044 ☐☐

❸ (　　) have two dogs and run with (　　) every morning.
私たちは犬を2匹飼っていて，毎朝**それら**と走ります。 045 ☐☐

❹ Which is your (　　) car? — The white one is (　　).
どちらがあなたの**お兄さんの**車ですか。— 白い車が**彼の**です。 046 ☐☐

❺ Is (　　) your eraser? — Yes, (　　) is.
これはあなたの消しゴムですか。— はい，（**それは**）そうです。 047 ☐☐

❻ Look at (　　) girls.
あの女の子たちを見なさい。 048 ☐☐

数えられるものを表す名詞は，ものが２つ以上ある場合は複数形にします。I, you, he などの代名詞は，単数・複数，主格・所有格・目的格・所有代名詞で，形が変化します。

基本ポイント

1 名詞には，数えられる（ものを表す）名詞と，数えられない（ものを表す）名詞がある。

■数えられる名詞には単数形と複数形があり，単数形の前にはしばしば a〔an〕がつく。
数えられない名詞には複数形はなく，a〔an〕もつかない。

❶ Mary has **a bag** in her hand. 〈bag は１つ２つと数えられる〉

❷ I drink **milk** every day. 〈milk は１つ２つと数えられない〉

＊milk などの物質を表す名詞のほか，love「愛」のような抽象的なものを表す名詞や，Japan のような固有名詞も数えられない名詞。

■複数形をつくるときは，ふつう語尾に s か es をつける。つくり方は p.102参照。

❸ I need **some eggs** for dinner.

❹ We have **five classes** today. 〈class は語尾に es をつける〉

❺ There are **two libraries** in our town. 〈library は y を i にかえて es をつける〉

■不規則な変化をする名詞もある：child → children, man → men, foot → feet など。

❻ There are **many children** in the park.

2 代名詞には，人称代名詞，所有代名詞，指示代名詞などがある。その他の代名詞は17章参照。

■人称代名詞：主語になる形（主格），「～の」を表す形（所有格），目的語になる形（目的格）を正しく使い分けよう。人称代名詞の表は p.102参照。

❶ Tom is **my** classmate.　I like **him**.

❷ Does **she** often visit **her** grandmother?

❸ **We** have two dogs and run with **them** every morning.

＊with などの前置詞のあとでは，人称代名詞は目的格を使う。

■所有代名詞：「私のもの」のように〈所有者＋もの〉を表す場合は，mine などの所有代名詞を使う。また，Tom's などの〈名詞＋ 's〉には，「～の」以外に「～のもの」の意味もある。

❹ Which is your **brother's** car? ── The white one is **his**.

■指示代名詞：this「これ」（複数形は these）と that「あれ」（複数形は those）がある。
これらの語には形容詞としての使い方もあり，「この～」「あの～」などの意味を表す。

❺ Is **this** your eraser? ── Yes, **it** is. 〈this や that は答えの文では it で受ける〉

❻ Look at **those** girls. 〈複数名詞には that ではなく those をつける〉

入試アドバイス

数えられる名詞と数えられない名詞の区別，名詞の単数と複数の区別，人称代名詞の格変化などは，英語では最も基本的なことです。しかし，同時に日本人がうっかりしやすい点でもあるので，英作文などで英文を書く場合はケアレスミスをしないように気をつけましょう。

発展問題

>> 解答書 p.5

1 次の___に（　）内の語を，必要に応じて適する形にかえて入れなさい。　□□

(1) I need some _____. (notebook)

(2) _____ sister is studying English in Australia. (He)

(3) Please give me some _____. (water)

(4) I like old _____ in Japan. (city)

(5) _____ pictures are very beautiful. (This)

(6) We see three _____ over there. (bus)

(7) Do you know those _____? (man)

2 次の文の下線部を1語の代名詞にかえなさい。　□□

(1) I like Mike and Kathy.

I like _____.

(2) Beth and I are in London now.

_____ are in London now.

(3) That is my bird.

That is _____.

(4) This is his mother's hat.

This is _____ hat.

(5) I sometimes play tennis with Mr. Carter.

I sometimes play tennis with _____.

3 日本文の意味を表すように，___に適当な1語を入れなさい。　□□

(1) これはCDですか。— いいえ，違います。

Is _____ _____ CD? — No, _____ isn't.

(2) これはおもしろい話です。

This is _____ _____ story.

(3) どちらがメアリーの自転車ですか。— あの赤いのが彼女のです。

_____ is Mary's bike? — That red one is _____.

(4) 部屋にはいすがいくつありますか。

_____ _____ _____ are there in the room?

(5) あの女の人はあなたの先生ですか。

Is _____ woman _____ teacher?

完成問題

>> 解答書 p.5

1 （　　）内の指示に従って書きかえるとき，＿＿に適当な１語を入れなさい。　　□□

(1) I want <u>a</u> cup.（下線部を four にかえた文に）

I want ＿＿＿＿＿ ＿＿＿＿＿.

(2) <u>That flower</u> is beautiful.（下線部を複数形にかえた文に）

＿＿＿＿＿ ＿＿＿＿＿ ＿＿＿＿＿ beautiful.

(3) This is our house.（ほぼ同じ内容の文に）

This house ＿＿＿＿＿ ＿＿＿＿＿.

(4) There are <u>three</u> boxes by the bed.（下線部を a にかえた文に）

There ＿＿＿＿＿ ＿＿＿＿＿ ＿＿＿＿＿ by the bed.

2 （　　）の中の語を並べかえて，日本文の意味を表す文を完成させなさい。　　□□

(1) (present / for / is / this / you / a).

これはあなたへのプレゼントです。

- -

(2) (lot / visit / every / people / of / a / Japan) year.

たくさんの人々が毎年日本を訪れます。

- -

(3) (camera / that / small / yours / is)?

あの小さなカメラはあなたのですか。

- -

(4) (like / much / him / they / do / very)?

彼女たちは彼のことが大好きなのですか。

- -

3 （　　）の語を使って，日本文にあう英文を書きなさい。　　□□

(1) 彼女は自分の部屋にたくさん本を持っています。（room）

- -

(2) 私たちは彼らの友だちではありません。（not）

- -

5 形容詞と副詞と前置詞 • • • • • • • • •

基本文のチェック ▶

1 日本文の意味を表すように，（　　）に適当な1語を入れなさい。

❶ Fred is a (　　　) (　　　).
フレッドは**背の高い男の子**です。　　　049 ☐☐

❷ Your cat (　　　) (　　　).
あなたのねこは**かわいい**。　　　050 ☐☐

❸ Betty speaks Japanese (　　　).
ベティーは日本語を**じょうずに**話します。　　　051 ☐☐

❹ Ms. Sato comes (　　　) (　　　) (　　　).
佐藤さんは**毎朝ここに**来ます。　　　052 ☐☐

❺ Ann likes this baseball player (　　　) (　　　).
アンはこの野球選手が**とても**好きです。　　　053 ☐☐

❻ Do you (　　　) (　　　) up at six?
あなたは**いつも**6時に起きるのですか。　　　054 ☐☐

❼ He (　　　) (　　　) late for school.
彼は**ときどき**学校に遅刻します。　　　055 ☐☐

2 日本文の意味を表すように，（　　）に適当な1語を入れなさい。

❶ We play soccer (　　　) the park (　　　) Sunday.
私たちは**日曜日に公園で**サッカーをします。　　　056 ☐☐

❷ Lisa goes to school (　　　) her sister (　　　) bus.
リサは**お姉さんとバスで**学校へ行きます。　　　057 ☐☐

❸ I'm a member (　　　) the computer club.
私は**コンピュータ部の**一員です。　　　058 ☐☐

❹ Who is the girl (　　　) that tree? — She is Sanae.
あの木の下の女の子はだれですか。—— 早苗です。　　　059 ☐☐

❺ The CDs (　　　) the desk (　　　) mine.
机の上のCDは私のものです。　　　060 ☐☐

形容詞と副詞の違いを確認しましょう。形容詞は名詞を修飾し，副詞は動詞・形容詞・副詞などを修飾します。また，〈前置詞＋名詞〉が，形容詞や副詞の働きをすることもあります。

基本ポイント

1 形容詞と副詞の基本的な使い方と注意点。

■形容詞の2つの基本的な使い方：（1）〈(a〔an〕＋）形容詞＋名詞〉の形。名詞を修飾する。
（2）〈主語＋ be 動詞＋形容詞.〉の形。be 動詞のあとに置き，主語を説明する。

❶ Fred is a **tall boy**. 〈tall は boy を修飾している〉

❷ Your cat **is pretty**. 〈pretty は主語を説明している〉

■副詞には，時や場所を表すもの，様態や程度を表すものなどがある。

❸ Betty speaks Japanese **well**. 〈well は動詞を修飾している〉

❹ Ms. Sato comes **here every morning**. 〈every morning は副詞の働きをする連語〉
　＊here は場所を，every morning は時を表す。「場所＋時」の順に並べるのがふつう。

❺ Ann likes this baseball player **very much**.
　＊この very は副詞 much を強める副詞。very much で「たいへん，とても」の意味を表す。

■頻度を表す副詞は，ふつう一般動詞の前，be 動詞・助動詞のあとに置く。always「いつも」，usually「ふつう，たいてい」，often「しばしば，よく」，sometimes「ときどき」など。

❻ Do you **always** get up at six? 〈一般動詞 get の前〉

❼ He is **sometimes** late for school. 〈be 動詞 is のあと〉

2 前置詞は，〈前置詞＋名詞〉の形で形容詞や副詞の働きをする。なお，名詞の代わりに代名詞がくることもある。また，名詞にはさまざまな修飾語句がつく。

■副詞の働きをする〈前置詞＋名詞〉：前置詞によって，さまざまな副詞的意味になる。

❶ We play soccer **in the park on Sunday**. 〈in ～ も on ～ も副詞句〉

❷ Lisa goes to school **with her sister by bus**. 〈with ～ も by ～ も副詞句〉
　＊by（～で）のあとの乗り物を表す名詞には a や the はつけない。

■形容詞の働きをする〈前置詞＋名詞〉：名詞を後ろから修飾する。

❸ I'm a member **of the computer club**. 〈of ～ が後ろから member を修飾〉

❹ Who is the girl **under that tree**? 〈under ～ が後ろから girl を修飾〉

❺ The CDs **on the desk** are mine. 〈on ～ が後ろから CDs を修飾〉
　＊主語の名詞に後ろから〈前置詞＋名詞〉の修飾がつくと，主語が長くなるので注意。
　なお，重要な前置詞の意味については p.108参照。

入試アドバイス

英語の長文中には，副詞や形容詞の働きをする〈前置詞＋名詞〉がひんぱんに出現します。ですから，その意味や修飾関係を正確につかむことは，読解力を高めるうえで必要不可欠です。そのためにも，重要な前置詞の意味はしっかりマスターしておきましょう。

発展問題

>> 解答書 p.6

1 次の英文の（　）に入る最も適当なものを１つ選びなさい。　　　□□

(1) Thank you （　　　） your kind card.

　　ア　over　　　　　イ　to　　　　　ウ　of　　　　　エ　for

(2) That is an （　　　） building.

　　ア　new　　　　　イ　old　　　　　ウ　tall　　　　　エ　useful

(3) Write the answer （　　　） English.

　　ア　along　　　　イ　by　　　　　ウ　in　　　　　エ　on

(4) We can ski （　　　） winter.

　　ア　in　　　　　イ　on　　　　　ウ　at　　　　　エ　for

2 日本文の意味を表すように，＿＿に適当な１語を入れなさい。　　　□□

(1) 壁にはってある絵を見なさい。

　　Look ＿＿＿＿＿ the picture ＿＿＿＿＿ the wall.

(2) スミス先生は英語をゆっくりと話すので，私たちは彼女の言うことをよく理解できます。

　　Ms. Smith speaks English ＿＿＿＿＿, so we can understand her ＿＿＿＿＿.

(3) あなたはとても親切な男の子です。

　　You are a ＿＿＿＿＿ ＿＿＿＿＿ boy.

(4) エリックはしばしばSF映画を見ます。

　　Eric ＿＿＿＿＿ ＿＿＿＿＿ science fiction movies.

(5) 私の父はいま忙しいです。

　　My father ＿＿＿＿＿ ＿＿＿＿＿ now.

3 次の英文の日本語訳を完成させなさい。　　　□□

(1) Our school begins at eight thirty.

　　私たちの＿＿＿＿＿＿＿＿＿＿＿＿＿＿＿＿＿＿＿＿＿＿＿＿＿＿＿＿。

(2) I never go out at night.

　　私は＿＿＿＿＿＿＿＿＿＿＿＿＿＿＿＿＿＿＿＿＿＿＿＿＿＿＿＿＿＿。

(3) The man by the door is our teacher.

　　＿＿＿＿＿＿＿＿＿＿＿＿＿＿＿＿＿＿＿＿＿＿＿＿＿＿先生です。

(4) My idea is different from yours.

　　私の考えは＿＿＿＿＿＿＿＿＿＿＿＿＿＿＿＿＿＿＿＿＿＿＿＿＿＿。

完成問題

>> 解答書 p.6

1 次の各組の英文がほぼ同じ意味になるように，＿＿に適当な1語を入れなさい。 □□

(1) This book is easy.

This is ＿＿＿＿＿ ＿＿＿＿＿ book.

(2) Ann runs fast.

Ann is a ＿＿＿＿＿ ＿＿＿＿＿.

(3) I'm in the music club.

I'm ＿＿＿＿＿ member ＿＿＿＿＿ the music club.

(4) Jiro and I walk to school.

Jiro and I go to school ＿＿＿＿＿ ＿＿＿＿＿.

2 （　　）の中の語を並べかえて，日本文の意味を表す文を完成させなさい。 □□

(1) (drives / my / car / carefully / brother / a).

私の兄は注意深く自動車を運転します。

----

(2) The (Jane / with / is / hair / girl / long).

長い髪の女の子はジェーンです。

----

(3) (bed / go / usually / eleven / I / before / to).

私はふつう11時前に寝ます。

----

(4) (boys / some / in / standing / of / front / are) the library.

何人かの少年が図書館の前に立っています。

----

3 （　　）の語を使って，日本文にあう英文を書きなさい。 □□

(1) 私たちはいまとても疲れています。 （now）

----

(2) 彼女はいつも夕食後に彼女のお母さんを手伝います。 （dinner）

----

6 過去の文・未来の文 ・・・・・・・・・

1 日本文の意味を表すように, ( ) に適当な1語を入れなさい。

❶ He ( ) a junior high school student two years ( ).
彼は2年前, 中学生**でした**。 061 ☐☐

❷ ( ) ( ) busy yesterday? — Yes, I ( ).
あなたはきのう忙し**かったですか**。— はい, **忙しかったです**。 062 ☐☐

❸ They ( ) ( ) in Fukuoka ( ) week.
彼らは先週, 福岡に**いませんでした**。 063 ☐☐

❹ I ( ) my mother in the kitchen last night.
私は昨夜, 台所で母を**手伝いました**。 064 ☐☐

❺ She ( ) lunch for her family yesterday.
彼女はきのう, 家族に昼食を**作りました**。 065 ☐☐

❻ ( ) you ( ) TV today? — No. I ( ) have time.
あなたはきょう, テレビを**見ましたか**。— いいえ。時間が**ありませんでした**。 066 ☐☐

❼ It ( ) ( ) hard then.
そのとき雨が激しく**降っていました**。 067 ☐☐

2 日本文の意味を表すように, ( ) に適当な1語を入れなさい。

❶ We ( ) ( ) our aunt in Yokohama ( ).
私たちはあす, 横浜のおばを**訪ねるつもりです**。 068 ☐☐

❷ ( ) Steve ( ) to Japan next summer? — Yes, he ( ).
スティーブは来年の夏に日本に**来ますか**。— はい, **来ます**。 069 ☐☐

❸ I ( ) ( ) tennis tomorrow.
私はあす, テニスを**するつもりはありません**。 070 ☐☐

❹ Mari ( ) ( ) ( ) join the volunteer club.
真理はボランティアクラブに**入る予定です**。 071 ☐☐

❺ ( ) ( ) are you ( ) to stay in Japan? — For two weeks.
あなたはどのくらい日本に**滞在する予定ですか**。— 2週間です。 072 ☐☐

英語では，現在を表すときは動詞の現在形を使い，過去を表すときは動詞の過去形を使います。また，未来を表すときは，動詞（原形）の前に will か be going to を置きます。

基本ポイント

1 「〜だった，（〜に）あった」「〜した」と過去のことを表すときは，動詞を過去形にする。

■ be 動詞の過去形：is, am の過去形は was, are の過去形は were。

＊疑問文：be 動詞を主語の前に出す。否定文：be 動詞のあとに not を置く。

❶ He **was** a junior high school student *two years ago*.

❷ **Were you** busy *yesterday*? —— Yes, I **was**.

❸ They **were not** in Fukuoka *last week*.

■ 一般動詞の過去形：規則動詞は語尾に ed か d をつける。不規則動詞は独自の変化をする。

＊疑問文：〈Did ＋主語＋動詞の原形…?〉　否定文：〈主語＋ didn't ＋動詞の原形….〉

❹ I **helped** my mother in the kitchen *last night*.〈help は規則動詞〉

❺ She **made** lunch for her family *yesterday*.〈make は不規則動詞〉

❻ **Did** you **watch** TV today? —— No. I **didn't have** time.〈didn't = did not〉

＊規則動詞・不規則動詞の過去形については p.104〜106を参照。

■ 過去進行形：〈was〔were〕〜ing〉で「〜していた」と過去における進行中の動作を表す。

❼ It **was raining** hard *then*.

＊①の〜 ago「〜前（に）」，②⑤の yesterday「きのう」，③④の last 〜「この前の〜」，⑦の then「そのとき」は，過去を表す副詞（句）としてよく使われる。

2 未来のことを表すときは，助動詞 will を使う。また，be going to も近い未来を表す。

■ 〈will ＋動詞の原形〉：「〜だろう，〜するつもりだ」

＊疑問文：〈Will ＋主語＋動詞の原形…?〉　否定文：〈主語＋ will not ＋動詞の原形….〉

❶ We **will visit** our aunt in Yokohama *tomorrow*.

❷ **Will** Steve **come** to Japan *next summer*? —— Yes, he **will**.〈will を使って答える〉

❸ I **won't play** tennis *tomorrow*.〈won't = will not〉

■ 〈be going to ＋動詞の原形〉：「〜するつもりだ，〜しそうだ」

＊疑問文：be 動詞を主語の前に出す。否定文：be 動詞のあとに not を置く。

❹ Mari **is going to join** the volunteer club.

❺ **How long are** you **going to stay** in Japan?

＊期間をたずねるときには How long 〜?「どのくらい（の間）〜」の形を使う。

入試アドバイス

現在・過去・未来という時制は，英語表現の基本です。これをマスターしないと，英語を読むこと（読解）も書くこと（作文）もできません。その中でも，不規則動詞の語形変化は特に重要です。基本的なよく使う動詞の多くが不規則動詞だからです。

発展問題

>> 解答書 p.7

1 次の英文の（　　）に入る最も適当なものを1つ選びなさい。　　　　□□

(1) I (　　　) sick in bed yesterday.
　　ア　am　　　　　　イ　was　　　　　ウ　did　　　　　エ　will

(2) He will (　　　) many pictures in Hokkaido.
　　ア　take　　　　　イ　takes　　　　ウ　took　　　　エ　taking

(3) My father (　　　) wash his car last Sunday.
　　ア　isn't　　　　　イ　wasn't　　　ウ　doesn't　　エ　didn't

2 次の対話文が完成するように，＿＿に適当な1語を入れなさい。　　　□□

(1) Will he go to the concert tonight?
　　— No, ＿＿＿＿＿ ＿＿＿＿＿.

(2) ＿＿＿＿＿ ＿＿＿＿＿ you at five yesterday?
　　— I was at school.

(3) Were David and Ken playing soccer then?
　　— Yes, ＿＿＿＿＿ ＿＿＿＿＿.

(4) Is your brother going to cook dinner tomorrow?
　　— Yes, ＿＿＿＿＿ ＿＿＿＿＿.

(5) ＿＿＿＿＿ ＿＿＿＿＿ you ＿＿＿＿＿ here?
　　— I arrived here one hour ago.

3 日本文の意味を表すように，＿＿に適当な1語を入れなさい。　　　□□

(1) 生徒たちは次の土曜日に公園をそうじするつもりです。
　　The students ＿＿＿＿＿ going ＿＿＿＿＿ ＿＿＿＿＿ the park next Saturday.

(2) 私は2日前に新しいカメラを買いました。
　　I ＿＿＿＿＿ a new camera two ＿＿＿＿＿ ＿＿＿＿＿.

(3) あすの朝は曇りでしょう。
　　It ＿＿＿＿＿ ＿＿＿＿＿ cloudy tomorrow morning.

(4) 彼はダイアナに手紙を書き，それから寝ました。
　　He ＿＿＿＿＿ a letter to Diana, and then ＿＿＿＿＿ to bed.

(5) その試合はそれほどおもしろくありませんでした。
　　The game ＿＿＿＿＿ ＿＿＿＿＿ so interesting.

完成問題

>> 解答書 p.7

1 （　　）内の指示に従って書きかえるとき，___に適当な1語を入れなさい。　　□□

(1) My sister is in Paris <u>now</u>. （下線部を last week にかえた文に）

My sister ＿＿＿＿ ＿＿＿＿ Paris last week.

(2) I will meet Mr. Saito next Monday. （否定文に）

I ＿＿＿＿ ＿＿＿＿ Mr. Saito next Monday.

(3) He will come back tomorrow. （ほぼ同じ内容の文に）

He ＿＿＿＿ ＿＿＿＿ ＿＿＿＿ come back tomorrow.

(4) They study math hard. （過去の文に）

＿＿＿＿ ＿＿＿＿ math hard.

2 （　　）の中の語句を並べかえて，日本文の意味を表す文を完成させなさい。　　□□

(1) (card / a / you / send / did / to) her?

あなたは彼女にカードを送りましたか。

----

(2) The boys (that / were / at / lunch / having / not) time.

少年たちはそのとき昼食を食べていませんでした。

----

(3) (a / there / under / the tree / car / was) then.

そのとき木の下に1台の車がありました。

----

(4) (going / are / you / how / to / long) stay here?

あなたはどのくらいの間ここに滞在するつもりですか。

----

3 次の日本文にあう英文を，（　　）内の語数で書きなさい。　　□□

(1) 彼はけさ早く起きました。（6語）

----

(2) 彼らは次の日曜日に野球をするでしょうか。（6語）

----

7 助動詞の文 ● ● ● ● ● ● ● ● ● ● ●

基本文のチェック ▶

1 日本文の意味を表すように，（　　）に適当な1語を入れなさい。

❶ My sister (　　　) (　　　) French well, but I (　　　) (　　　) it.
私の姉はじょうずにフランス語を**話せますが**，私は**話せません**。　073 ☐☐

❷ He (　　　) (　　　) to swim very fast when he was young.
彼は若いころ，とても速く**泳ぐことができました**。　074 ☐☐

❸ You (　　　) (　　　) this pen.
あなたはこのペンを**使ってもいいですよ**。　075 ☐☐

❹ Young people (　　　) (　　　) kind to old people.
若者はお年寄りに親切に**するべきです**。　076 ☐☐

❺ I (　　　) (　　　) the piano hard for the concert.
私はコンサートに向けてピアノを一生懸命に**練習しなければなりません**。　077 ☐☐

❻ We (　　　) (　　　) take pictures here.
私たちはここでは写真を**撮ってはいけません**。　078 ☐☐

❼ She (　　　) (　　　) write a letter to her teacher.
彼女は先生に手紙を**書かなければなりません**。　079 ☐☐

❽ You (　　　) (　　　) (　　　) worry about the future.
あなたは将来について**心配する必要はありません**。　080 ☐☐

2 日本文の意味を表すように，（　　）に適当な1語を入れなさい。

❶ (　　　) (　　　) help me with my homework? — (　　　).
私の宿題を手伝っ**てくれませんか**。—— **いいですよ**。　081 ☐☐

❷ (　　　) (　　　) borrow this CD? — Sorry, but you can't.
このCDを借り**てもいいですか**。—— すみませんが，だめです。　082 ☐☐

❸ (　　　) (　　　) open the window? — Yes, please.
窓を開け**ましょうか**。—— はい，お願いします。　083 ☐☐

❹ (　　　) (　　　) go fishing? — No, let's not.
魚つりに行き**ましょうか**。—— いいえ，やめておきましょう。　084 ☐☐

can は〈can ＋動詞の原形〉の形で，動詞に「〜できる」という意味を付け加えます。can のように，動詞と結びついて意味を加える語を助動詞といいます。

1 基本的な助動詞の意味を確認しよう。助動詞の後ろには動詞の原形がくる。

■ can「〜できる」（能力・可能）（can の過去形は could）

　疑問文：〈Can＋主語＋動詞の原形…?〉　否定文：〈主語＋can't〔cannot〕＋動詞の原形….〉

❶ My sister **can speak** French well, but I **can't〔cannot〕speak** it.

❷ He **was able to swim** very fast when he was young. 〈過去なので was able to〉
　＊「〜できる」という意味は，be able to 〜 で表すこともできる。

■ may「〜してもよい」（許可），「〜かもしれない」（推量），should「〜すべきである」（義務）

❸ You **may use** this pen. 〈may の代わりに can でもよい〉

❹ Young people **should be** kind to old people.

■ must は「〜しなければならない」（義務），must not 〜 は「〜してはいけない」（禁止）

❺ I **must practice** the piano hard for the concert.

❻ We **must not take** pictures here.

■「〜しなければならない」は have〔has〕to 〜 でも表せる。

❼ She **has to write** a letter to her teacher. 〈主語が3人称単数の She なので，has を使う〉

❽ You **don't have to worry** about the future.
　＊don't〔doesn't〕have to 〜は「〜しなくてよい，〜する必要はない」という意味になる。

2 助動詞はしばしば会話表現に使われる。

■依頼する言い方：Will〔Can〕you 〜?「〜してくれませんか」

　承諾するとき：Sure. / OK. / All right. など。断るとき：I'm sorry, but I can't. など。

❶ **Will〔Can〕you** help me with my homework? —— **Sure.**
　＊Would〔Could〕you 〜? にするとていねいな言い方になる。「〜していただけませんか」

■許可を求める言い方：May〔Can〕I 〜?「〜してもいいですか」

❷ **May〔Can〕I** borrow this CD?

■相手の意向をたずねる言い方：Shall I 〜?「（私が）〜しましょうか」

　相手を誘う言い方：Shall we 〜?「〜しましょうか」（Let's 〜. とほぼ同じ意味）

❸ **Shall I** open the window? —— Yes, please. 〈断るときは No, thank you. など〉

❹ **Shall we** go fishing? —— No, let's not. 〈承諾するときは Yes, let's. など〉

入試アドバイス

高校入試では，読解でもリスニングでも会話文がよく出題されるので，助動詞を使った会話表現にはぜひ慣れておきましょう。助動詞の使い方で特に注意したいのは，must not 〜（〜してはいけない）と don't〔doesn't〕have to 〜（〜する必要はない）の違いです。

発展問題

>> 解答書 p.8

1 次の英文の（　　）に入る最も適当なものを1つ選びなさい。　　　　　　　□□

(1) We (　　　) find our cat yesterday.

　　ア　can't　　　　　　イ　couldn't　　　ウ　mustn't　　　エ　may not

(2) You must (　　　) a good boy.

　　ア　is　　　　　　　イ　am　　　　　　ウ　are　　　　　エ　be

(3) May I use this phone? — (　　　)

　　ア　Yes, let's.　　　　　　　　　　イ　No, thank you.

　　ウ　I'm sorry, you can't.　　　　　エ　You're welcome.

2 日本文の意味を表すように, ＿＿に適当な1語を入れなさい。　　　　　　□□

(1) トムは漢字を読むことができますか。

　　＿＿＿＿＿ Tom ＿＿＿＿＿ *kanji*?

(2) 私の母はきょう, 買い物に行く必要はありません。

　　My mother ＿＿＿＿ ＿＿＿＿ ＿＿＿＿ go shopping today.

(3) 夜にギターをひいてはいけません。

　　You ＿＿＿＿ ＿＿＿＿ the guitar at night.

(4) 私たちはお互いに助け合うべきです。

　　We ＿＿＿＿ ＿＿＿＿ each other.

(5) ドアを閉めてくれませんか。— いいですよ。

　　＿＿＿＿ ＿＿＿＿ ＿＿＿＿ the door? — ＿＿＿＿ .

(6) あのレストランで昼食を食べましょうか。

　　＿＿＿＿ ＿＿＿＿ ＿＿＿＿ lunch at that restaurant?

3 次の英文の日本語訳を完成させなさい。　　　　　　　　　　　　　　□□

(1) That man may be our new English teacher.

　　あの男の人は私たちの＿＿＿＿＿＿＿＿＿＿＿＿＿＿＿＿＿＿＿＿＿＿＿＿＿。

(2) My brother will be able to ride a bike soon.

　　私の弟はすぐに＿＿＿＿＿＿＿＿＿＿＿＿＿＿＿＿＿＿＿＿＿＿＿＿＿＿＿＿。

(3) We had to take the first train.

　　私たちは＿＿＿＿＿＿＿＿＿＿＿＿＿＿＿＿＿＿＿＿＿＿＿＿＿＿＿＿＿＿＿。

(4) Shall I show my album to you?

　　あなたに＿＿＿＿＿＿＿＿＿＿＿＿＿＿＿＿＿＿＿＿＿＿＿＿＿＿＿＿＿＿＿。

完成問題

>> 解答書 p.8

1 次の各組の英文がほぼ同じ意味になるように，＿＿に適当な1語を入れなさい。 □□

(1) Naomi can use a computer well.

Naomi ＿＿＿＿＿ ＿＿＿＿＿ ＿＿＿＿＿ ＿＿＿＿＿ a computer well.

(2) Let's do our homework together.

＿＿＿＿＿ ＿＿＿＿＿ do our homework together?

(3) Please carry these bags to my room.

＿＿＿＿＿ ＿＿＿＿＿ carry these bags to my room?

(4) She must come home by five today.

She ＿＿＿＿＿ ＿＿＿＿＿ ＿＿＿＿＿ home by five today.

(5) Don't talk in a loud voice.

You ＿＿＿＿＿ ＿＿＿＿＿ in a loud voice.

(6) I want this CD.

I'd ＿＿＿＿＿ this CD.

2 (　　)の中の語句を並べかえて，日本文の意味を表す文を完成させなさい。 □□

(1) (we / a meal / for / go / shall / out) tonight?

今夜は食事に出かけましょうか。

----

(2) (finish / don't / have / the work / we / to) today.

私たちは，その仕事をきょう終わらせなくてもいいです。

----

(3) (me / will / some / give / water / you)?

私に水をいくらかくれませんか。

----

3 次の日本文にあう英文を，(　　)内の語数で書きなさい。 □□

(1) このりんごを食べてもいいですか。 （5語）

----

(2) あなたはこの川で泳いではいけません。 （6語）

----

8 現在完了の文 ・・・・・・・・・・・・・・・

基本文のチェック ▶

1 日本文の意味を表すように，（　　）に適当な1語を入れなさい。

❶ We (　　　) (　　　) (　　　) our classroom.
私たちはちょうど教室をそうじしたところです。
085 ☐☐

❷ I (　　　) (　　　) my math homework (　　　).
私はまだ数学の宿題を**終えていません**。
086 ☐☐

❸ (　　　) you (　　　) the dishes (　　　)? — Yes, I (　　　)
あなたはもう食器を**洗いましたか**。— はい，**洗いました**。
087 ☐☐

❹ (　　　) the plane (　　　) at the airport yet? — No, it (　　　).
その飛行機はもう空港に**着きましたか**。— いいえ，**着いていません**。
088 ☐☐

2 日本文の意味を表すように，（　　）に適当な1語を入れなさい。

❶ I (　　　) (　　　) letters in English many (　　　).
私は何度も英語で手紙を**書いたことがあります**。
089 ☐☐

❷ Ms. North (　　　) (　　　) (　　　) to Japan.
ノースさんは**一度も**日本に**行ったことがありません**。
090 ☐☐

❸ Have you (　　　) (　　　)? — No, I (　　　).
あなたはいままでに**スキーをしたことがありますか**。— いいえ，**ありません**。
091 ☐☐

❹ They (　　　) (　　　) in Los Angeles (　　　) 2020.
彼らは2020年から**ずっと**ロサンゼルスに**住んでいます**。
092 ☐☐

❺ (　　　) (　　　) (　　　) you (　　　) in this city? — For a month.
あなたはこの市にどのくらいの間**滞在しているのですか**。— 1か月です。
093 ☐☐

❻ We (　　　) (　　　) (　　　) tennis for two hours.
私たちは2時間**ずっと**テニス**をしています**。
094 ☐☐

❼ (　　　) she (　　　) (　　　) for a long time? — Yes, she (　　　).
彼女は長い時間**ずっと走っているのですか**。— はい，**走っています**。
095 ☐☐

❽ (　　　) (　　　) (　　　) you (　　　) (　　　)? — For two hours.
あなたはどれくらい**歩いているのですか**。— 2時間です。
096 ☐☐

現在のことは現在形で, 過去のことは過去形で表しますが, 過去と現在にまたがっていること(完了・経験・継続)を表すときには, 現在完了を使います。

基本ポイント

1 現在完了は〈have〔has〕＋過去分詞〉で表す。主語が3人称単数の場合は has を使う。
過去分詞は, 規則動詞の場合は過去形と同じ。不規則動詞については p.105〜106 参照。

■完了用法「〜したところだ, 〜してしまった」: 動作が完了している現在の状態を表す。

　　＊よく使う語: just「ちょうど」, already「すでに」, yet「まだ(否定文), もう(疑問文)」

　❶ We **have** *just* **cleaned** our classroom. 〈just は have と過去分詞の間に置く〉

■否定文:〈主語＋have〔has〕not＋過去分詞….〉

　❷ I **haven't finished** my math homework *yet.* 〈not 〜 yet: まだ〜ない〉

■疑問文:〈Have〔Has〕＋主語＋過去分詞…?〉(have〔has〕を使って答える)

　❸ **Have** you **washed** the dishes *yet*? — Yes, I **have.**

　❹ **Has** the plane **arrived** at the airport *yet*? — No, it **hasn't.** 〈hasn't = has not〉

　　＊ yet は否定文と疑問文で意味が違うので注意が必要。

2 現在完了にはほかに, 経験用法と継続用法があり, それぞれによく使う語がある。

■経験用法「〜したことがある」: 過去から現在にかけての経験を表す。

　　＊よく使う語: 〜 times「〜回」, before「以前」, once「1回」, twice「2回」

　❶ I **have written** letters in English many *times.* 〈many times: 何度も〉

　❷ Ms. North **has never been to** Japan. 〈have〔has〕been to 〜: 〜に行ったことがある〉

　　＊経験用法の否定文では, ふつう not の代わりに never「一度も〜ない」を使う。

　❸ **Have** you *ever* **skied**? — No, I **haven't.** 〈ever: いままでに〉

■継続用法「(ずっと)〜している, 〜である」: 過去から現在への状態の継続を表す。

　　＊よく使う語: for 〜「〜の間」, since 〜「〜以来, 〜から」

　❹ They **have lived** in Los Angeles *since* 2020.

　❺ *How long* **have** you **stayed** in this city? 〈期間をたずねるときは How long で始める〉

■過去から現在への動作の継続は, 現在完了進行形〈have〔has〕been＋〜ing〉で表す。

　❻ We **have been playing** tennis *for* two hours.

　❼ **Has** she **been running** *for* a long time? — Yes, she has.

　　＊ have〔has〕を使って答える。この場合, 否定のときは No, she hasn't. となる。

　❽ *How long* **have** you **been walking**?

入試アドバイス

現在完了は, 中学英語における最も重要なポイントの1つです。入試でも, 現在完了の理解を試す問題がしばしば出題されます。完了・経験・継続の3用法をしっかりマスターしておきましょう。上の「よく使う語」に注目すると, どの用法かわかります。

発展問題

>> 解答書 p.9

1 次の英文の（　　）に入る最も適当なものを1つ選びなさい。　　　　　□□

(1) The train has already (　　　).

　ア　leave　　　　　イ　leaves　　　　　ウ　leaving　　　　エ　left

(2) Fred has wanted a new bed (　　　) last year.

　ア　for　　　　　イ　from　　　　　ウ　since　　　　エ　in

(3) Ms. Hunter (　　　) *ikebana* three years ago.

　ア　learned　　　　イ　has learned　　ウ　learns　　　　エ　was learned

(4) We (　　　) climbed Mt. Aso twice.

　ア　are　　　　　イ　have　　　　　ウ　did　　　　エ　were

2 次の英文の下線部と同じ用法の現在完了を含む文を2つずつ選び，記号で答えなさい。　□□

(1) <u>Have</u> you ever <u>played</u> *shogi*?　　　　　　　　　　　（　　）（　　）

(2) The students <u>have been</u> in the library for two hours.　（　　）（　　）

(3) Tom <u>has</u> just <u>washed</u> his father's car.　　　　　　　（　　）（　　）

　ア　We haven't opened this door for a long time.

　イ　My father has been to New York before.

　ウ　Have they come home yet?

　エ　I have talked with the singer many times.

　オ　I've already read the book.

　カ　Henry has played the guitar since he was a child.

3 日本文の意味を表すように，＿＿に適当な1語を入れなさい。　　　　　□□

(1) 彼らはまだクリスマスのプレゼントを買っていません。

They ＿＿＿＿ ＿＿＿＿ Christmas presents ＿＿＿＿.

(2) テリーは長い時間ずっとサッカーをしています。

Terry ＿＿＿＿ ＿＿＿＿ playing soccer ＿＿＿＿ a long time.

(3) 私はそんなに美しい花を一度も見たことがありません。

I ＿＿＿＿ ＿＿＿＿ ＿＿＿＿ such a beautiful flower.

(4) コンサートはちょうど始まったばかりです。

The concert ＿＿＿＿ ＿＿＿＿ ＿＿＿＿.

(5) あなたはどのくらいの間，このコンピュータを使っているのですか。

＿＿＿＿ ＿＿＿＿ ＿＿＿＿ you ＿＿＿＿ this computer?

完成問題

>> 解答書 p.9

1 （　）内の指示に従って書きかえるとき，___に適当な1語を入れなさい。　□□

(1) We saw Mr. Yamada <u>yesterday</u>.（下線部を once にかえて，現在完了の文に）

　　We _____ _____ Mr. Yamada once.

(2) Helen has sent a card to him.（疑問文に）

　　_____ Helen _____ a card to him?

(3) My mother became sick last Friday. She is still sick.（ほぼ同じ内容の1文に）

　　My mother _____ _____ sick _____ last Friday.

(4) I lost my smartphone, and I don't have it now.（ほぼ同じ内容の1文に）

　　I _____ _____ my smartphone.

2 （　）の中の語を並べかえて，日本文の意味を表す文を完成させなさい。　□□

(1) I (letter / written / haven't / my / to / a) aunt yet.

　　私はまだおばへの手紙を書いていません。

----

(2) Tom (here / waiting / been / for / has) an hour.

　　トムは1時間ずっとここで待っています。

----

(3) I (to / never / foreign / been / have / a) country.

　　私は一度も外国へ行ったことがありません。

----

(4) (in / has / she / how / lived / long) Japan?

　　彼女はどのくらいの間，日本に住んでいるのですか。

----

3 （　）の語を適切な形にかえて使い，日本文にあう英文を書きなさい。　□□

(1) 彼は京都を3回訪れたことがあります。　(visit)

----

(2) あなたはもう夕食を終えましたか。　(finish)

35

9 受け身の文 ● ● ● ● ● ● ● ● ● ● ● ● ●

基本文のチェック　▶

1 日本文の意味を表すように，（　　）に適当な1語を入れなさい。

❶ This car (　　　) (　　　) every Sunday.
この車は毎週日曜日に**洗われます**。
097 ☐☐

❷ English and French (　　　) (　　　) in this country.
この国では英語とフランス語が**話されています**。
098 ☐☐

❸ Our house (　　　) (　　　) two years ago.
私たちの家は2年前に**建てられました**。
099 ☐☐

❹ This book (　　　) (　　　) (　　　) Mr. Smith in 1995.
この本は1995年にスミス氏によって**書かれました**。
100 ☐☐

❺ Those pictures (　　　) (　　　) (　　　) by Taro.
あれらの写真は太郎によって**撮られたのではありません**。
101 ☐☐

❻ (　　　) this room (　　　) every day? — No, it (　　　).
この部屋は毎日**使われますか**。— いいえ，**使われません**。
102 ☐☐

2 日本文の意味を表すように，（　　）に適当な1語を入れなさい。

❶ A lot of trees (　　　) (　　　) (　　　) by the man.
たくさんの木がその男の人によって**切り倒されました**。
103 ☐☐

❷ Mt. Fuji (　　　) (　　　) (　　　) from here on a sunny day.
晴れた日には，ここから富士山が**見られます**。
104 ☐☐

❸ We (　　　) (　　　) (　　　) the news.
私たちはそのニュースに**驚きました**。
105 ☐☐

❹ I (　　　) (　　　) (　　　) American history.
私はアメリカの歴史に**興味があります**。
106 ☐☐

❺ The singer (　　　) (　　　) (　　　) everyone in Japan.
その歌手は日本のみんなに**知られています**。
107 ☐☐

❻ The ground (　　　) (　　　) (　　　) snow this morning.
けさ地面は雪で**おおわれていました**。
108 ☐☐

「…を〜する」は別の言い方をすると「…は〜される」になります。後者の言い方を受け身といいます。通常の文で動詞の目的語（…を）になる語句が，受け身の文では主語になります。

基本ポイント

1 受け身は〈be 動詞＋過去分詞〉で表す。be 動詞は主語の人称・数によって使い分ける。

■受け身は「〜される，〜されている」の意味を表す。

❶ This car **is washed** every Sunday.

❷ English and French **are spoken** in this country.

❸ Our house **was built** two years ago.

＊受け身の過去の文は be 動詞を過去形にする。

■「〜によって」と行為者を示すときは，あとに by 〜 を続ける。

❹ This book **was written** *by Mr. Smith* in 1995.

＊受け身の文で by のあとにくる行為者は，通常の文では主語になる。

= *Mr. Smith* wrote this book in 1995.

■否定文：be 動詞のあとに not を置く。疑問文：be 動詞を主語の前に出す。

❺ Those pictures **were not taken** by Taro.

❻ **Is** this room **used** every day? — No, it **isn't**. 〈答えの文でも be 動詞を使う〉

＊受け身の文では，行為者（by 〜）が示されないことも多い。

2 注意すべき受け身表現。

■〈動詞＋副詞〉〈動詞＋前置詞〉などの連語は，連語のまとまりのまま受け身にする。

❶ A lot of trees **were cut down** by the man. 〈cut down「切り倒す」で1つのまとまり〉

■助動詞の文の受け身は〈助動詞＋ be ＋過去分詞〉の形になる。

❷ Mt. Fuji **can be seen** from here on a sunny day.

■「〜させる」という意味の動詞は，受け身になると，しばしば「〜する」という意味になる。

❸ We **were surprised at** the news. 〈be surprised at 〜：〜に驚く〉

＊surprise「驚かせる」⇒ be surprised「驚かされる」⇒「驚く」

❹ I **am interested in** American history. 〈be interested in 〜：〜に興味がある〉

＊interested は形容詞だが，もとは動詞 interest「興味を起こさせる」の過去分詞。

■連語：be known to 〜「〜に知られている」，be covered with 〜「〜におおわれている」

❺ The singer **is known to** everyone in Japan.

❻ The ground **was covered with** snow this morning.

入試アドバイス

日本語ではふつう受け身にしないような場合でも，英語では受け身で表現することがあります。「私は驚いた」や「私は興奮した」はふつう受け身を使います。surprise や excite は他動詞なので，英作文などで I surprised や I excited などとしないように気をつけましょう。

発展問題

>> 解答書 p.10

1 次の英文の（　　）に入る最も適当なものを1つ選びなさい。　　□□

(1) That building (　　　) built fifty years ago.

　　ア　is　　　　　　イ　was　　　　　　ウ　are　　　　　　エ　were

(2) Is this room (　　　) every day?

　　ア　clean　　　　イ　cleans　　　　ウ　cleaning　　　エ　cleaned

(3) Many kinds of animals (　　　) seen in this forest.

　　ア　have　　　　　イ　has　　　　　　ウ　are　　　　　　エ　is

(4) This doll is made (　　　) paper.

　　ア　of　　　　　　イ　by　　　　　　ウ　from　　　　　エ　for

2 次の対話文が完成するように，＿＿に適当な1語を入れなさい。　　□□

(1) Is breakfast cooked by your mother?

　　— ＿＿＿＿＿, it ＿＿＿＿＿.　My sister cooks it.

(2) ＿＿＿＿＿ ＿＿＿＿＿ these flowers ＿＿＿＿＿ here?

　　— They were brought here this morning.

(3) ＿＿＿＿＿ ＿＿＿＿＿ your cat ＿＿＿＿＿ by the kind girl?

　　— It was found in the park.

3 日本文の意味を表すように，＿＿に適当な1語を入れなさい。　　□□

(1) この標識はこの国では使われていません。

　　This sign ＿＿＿＿＿ ＿＿＿＿＿ in this country.

(2) 私たちは去年, 吉田先生に教わりました。

　　We ＿＿＿＿＿ ＿＿＿＿＿ ＿＿＿＿＿ Mr. Yoshida last year.

(3) 彼の本は多くの子どもたちに読まれるでしょう。

　　His books ＿＿＿＿＿ ＿＿＿＿＿ ＿＿＿＿＿ by many children.

(4) その山の頂上は雪でおおわれています。

　　The top of the mountain ＿＿＿＿＿ ＿＿＿＿＿ ＿＿＿＿＿ snow.

(5) その鳥はアリスに世話をしてもらっています。

　　The bird is ＿＿＿＿＿ ＿＿＿＿＿ ＿＿＿＿＿ by Alice.

(6) 彼はそのプレゼントが気に入りました。

　　He ＿＿＿＿＿ ＿＿＿＿＿ ＿＿＿＿＿ the present.

完成問題

>> 解答書 p.10

1 （　　）内の指示に従って書きかえるとき，＿＿に適当な1語を入れなさい。　　□□

(1) A lot of foreign people visit Kyoto every year. （ほぼ同じ内容の文に）

Kyoto ＿＿＿＿＿ ＿＿＿＿＿ ＿＿＿＿＿ a lot of foreign people every year.

(2) The store is closed at eight every day. （下線部を yesterday にかえた文に）

The store ＿＿＿＿＿ ＿＿＿＿＿ at eight yesterday.

(3) The dishes were washed by Ken. （否定文に）

The dishes ＿＿＿＿＿ ＿＿＿＿＿ ＿＿＿＿＿ by Ken.

(4) *Go* is interesting to her. （ほぼ同じ内容の文に）

She ＿＿＿＿＿ ＿＿＿＿＿ ＿＿＿＿＿ *go*.

2 （　　）の中の語句を並べかえて，日本文の意味を表す文を完成させなさい。　　□□

(1) (written / story / in / this / easy / is) English.

この物語はかんたんな英語で書かれています。

----

(2) (surprised / was / his / at / I / very) letter.

私は彼の手紙にとても驚きました。

----

(3) (invented / was / the machine / him / by / not).

その機械は彼によって発明されたのではありません。

----

(4) (is / what / spoken / your / language / in) country?

あなたの国では何語が話されていますか。

----

3 （　　）の語を使って，日本文にあう英文を書きなさい。　　□□

(1) この写真は由美によって撮られました。　(picture)

----

(2) この自動車は日本で作られたのですか。　(car)

----

10 動名詞と不定詞 ・・・・・・・・・・・・

基本文のチェック ▶

1 日本文の意味を表すように，（　　）に適当な1語を入れなさい。

❶ He likes (　　　) the guitar very much.
彼は**ギターをひくこと**がとても好きです。
109 ☐☐

❷ My hobby is (　　　) old coins.
私の趣味は**古いコインを集めること**です。
110 ☐☐

❸ Thank you for (　　　) me to the party.
パーティーに招待してくれたことに感謝します（＝招待してくれてありがとう）。 111 ☐☐

❹ (　　　) up early is important.
早起きすることは大切です。
112 ☐☐

❺ (　　　) (　　　) up early is important.
早起きすることは大切です。
113 ☐☐

❻ (　　　) is important (　　　) (　　　) up early.
早起きすることは大切です。
114 ☐☐

❼ (　　　) was difficult (　　　) (　　　) (　　　) answer the question.
私には**その質問に答えること**はむずかしかった。
115 ☐☐

2 日本文の意味を表すように，（　　）に適当な1語を入れなさい。

❶ He (　　　) (　　　) (　　　) the guitar very much.
彼はギターを**ひくこと**がとても**好きです**。
116 ☐☐

❷ I (　　　) (　　　) (　　　) around the world.
私は世界中を**旅行することを望みます**（＝旅行したい）。
117 ☐☐

❸ We (　　　) (　　　) a movie on TV.
私たちはテレビで映画を**見ることを楽しみました**（＝見て楽しんだ）。
118 ☐☐

❹ That boy is (　　　) (　　　) (　　　).
あの男の子は**泳ぐことが得意です**。
119 ☐☐

❺ I'm looking (　　　) (　　　) (　　　) you again.
私はあなたに再び**会うことを楽しみに待っています**。
120 ☐☐

「〜すること」と言うときには，動名詞（動詞の ing 形）か不定詞（to ＋動詞の原形）を使います。不定詞にはいくつかの用法がありますが，これは名詞的用法といいます。

基本ポイント

1 動名詞や不定詞（名詞的用法）の句は，文中で名詞の働きをする。

■動名詞は進行形で使う動詞の ing 形と形は同じだが，「〜すること」という意味で使われる。

動名詞の句は，文の中で動詞の目的語，補語，前置詞の目的語，主語として使われる。

❶ He likes **playing the guitar** very much. 〈likes の目的語〉

❷ My hobby is **collecting old coins**. 〈補語〉

❸ Thank you for **inviting me to the party**. 〈前置詞 for の目的語〉

❹ **Getting up early** is important. 〈主語〉

＊動名詞は３人称単数扱いなので，be 動詞は is が使われている。

■「〜すること」という意味は，不定詞でも表すことができる。

名詞的用法の不定詞の句は，主語，動詞の目的語，補語として使われる。

❺ **To get up early** is important. 〈主語：❹の文の Getting up early と同じ働き〉

■不定詞が主語になる文では，形式主語 it を文頭に置き，不定詞を後ろに置くことも多い。

It is … (for −) to 〜. :「(−には) 〜することは…だ」（真の主語は to 〜）

❻ **It** is important **to get up early**. 〈It = to get up early〉

❼ **It** was difficult *for me* **to answer the question**.

＊to 〜の行為者を示す場合は，不定詞の前に for −を置く。

2 不定詞と動名詞のどちらを目的語にするかは，動詞によって異なる。

■不定詞と動名詞の両方を目的語にする動詞：like, begin, start など。

❶ He **likes to play** the guitar very much. 〈to play 〜 を playing 〜 とすることも可能〉

■不定詞だけを目的語にする動詞：want, hope, decide など。

❷ I **want to travel** around the world. 〈want to 〜 はふつう「〜したい」と訳す〉

■動名詞だけを目的語にする動詞：enjoy, stop, finish など。

❸ We **enjoyed watching** a movie on TV. 〈enjoy 〜ing：〜して楽しむ〉

■動名詞を使った連語：be good at 〜ing「〜するのが得意である」, look forward to 〜ing「〜するのを楽しみに待つ」, without 〜ing「〜しないで，〜せずに」

❹ That boy **is good at swimming**.

❺ **I'm looking forward to seeing** you again.

入試アドバイス

英語の長文中には，動詞の ing 形や〈to ＋動詞の原形〉は必ずといっていいほど出てきますし，読解問題の設問個所としてもよく使われます。また，これを使いこなせるかどうかで，英作文の力も大きく違ってきます。ここは中学英語の最重要ポイントの１つです。

発展問題

>> 解答書 p.11

1 次の英文の（　　）に入る最も適当なものを１つ選びなさい。　　　　□□

(1) I finished (　　　) the report last night.

ア　write　　　　　イ　wrote　　　　　ウ　writing　　　　エ　to write

(2) We hope (　　　) you again soon.

ア　see　　　　　イ　saw　　　　　　ウ　seeing　　　　エ　to see

(3) It isn't easy (　　　) John to speak Japanese.

ア　at　　　　　　イ　for　　　　　　ウ　on　　　　　　エ　to

(4) Ms. Johnson is interested in (　　　) the Internet.

ア　use　　　　　イ　used　　　　　ウ　using　　　　エ　to use

2 日本文の意味を表すように，＿＿に適当な１語を入れなさい。　　　　□□

(1) 写真を撮ることはとてもおもしろい。

＿＿＿＿＿ pictures ＿＿＿＿＿ very interesting.

(2) 私の父の仕事はバスを運転することです。

My father's job is ＿＿＿＿＿ ＿＿＿＿＿ a bus.

(3) あなたたちはいっしょに歌を歌って楽しみましたか。

Did you ＿＿＿＿＿ ＿＿＿＿＿ songs together?

(4) 私は彼らの質問に答えようとしました。

I ＿＿＿＿＿ ＿＿＿＿＿ ＿＿＿＿＿ their questions.

(5) 私たちにとってサッカーの試合を見ることはわくわくすることです。

＿＿＿＿＿ is exciting ＿＿＿＿＿ us ＿＿＿＿＿ ＿＿＿＿＿ soccer games.

3 次の英文の日本語訳を完成させなさい。　　　　□□

(1) Swimming in the sea is a lot of fun.

海で＿＿＿＿＿＿＿＿＿＿＿＿＿＿＿＿＿＿＿＿＿＿＿＿＿＿＿＿＿。

(2) To study math is difficult for me.

数学を＿＿＿＿＿＿＿＿＿＿＿＿＿＿＿＿＿＿＿＿＿＿＿＿＿＿＿＿。

(3) It is useful to read many books.

＿＿＿＿＿＿＿＿＿＿＿＿＿＿＿＿＿＿＿＿＿＿＿＿＿役に立ちます。

(4) We are looking forward to going to Australia.

私たちはオーストラリアへ＿＿＿＿＿＿＿＿＿＿＿＿＿＿＿＿＿＿＿＿＿。

完成問題

>> 解答書 p.11

1 次の各組の英文がほぼ同じ意味になるように，＿＿に適当な1語を入れなさい。　□□

(1) I like to watch birds in the mountains.

I ＿＿＿＿＿＿ ＿＿＿＿＿＿ birds in the mountains.

(2) To have good friends is important.

＿＿＿＿＿＿ ＿＿＿＿＿＿ important ＿＿＿＿＿＿ ＿＿＿＿＿＿ good friends.

(3) Making cakes is interesting.

＿＿＿＿＿＿ ＿＿＿＿＿＿ cakes is interesting.

(4) I want to see your parents.

I'd ＿＿＿＿＿＿ ＿＿＿＿＿＿ see your parents.

2 （ 　　）の中の語を並べかえて，日本文の意味を表す文を完成させなさい。　□□

(1) (playing / good / you / basketball / are / at)?
あなたはバスケットボールをするのが得意ですか。

- -

(2) (for / to / brother / difficult / it / is / my) ride a bike.
私の弟には自転車に乗ることはむずかしい。

- -

(3) (to / dream / astronaut / be / my / is / an).
私の夢は宇宙飛行士になることです。

- -

(4) They (and / stopped / to / began / talking / to / listen) him.
彼らは話すのをやめて，彼の言うことを聞き始めました。

- -

3 次の日本文にあう英文を，（ 　　）内の語数で書きなさい。　□□

(1) 彼女は新しいラケットを買いたがっています。（7語）

- -

(2) お年寄りを助けることは大切です。（7語）

- -

11 不定詞のさまざまな用法・・・・・・・

基本文のチェック　▶

1 日本文の意味を表すように，（　　）に適当な1語を入れなさい。

❶ She decided (　　　) (　　　) the tennis club.
彼女は**テニス部に入ること**を決めました。
121 ▢▢

❷ We have a lot of homework (　　　) (　　　) today.
私たちはきょう，**するべき**宿題がたくさんあります。
122 ▢▢

❸ I need something (　　　) (　　　) on the train.
私は何か**電車で読む**ものが必要です。
123 ▢▢

❹ After school, Alice worked at the shop (　　　) (　　　) her family.
放課後，アリスは**家族を助けるために**その店で働きました。
124 ▢▢

❺ Why did you go to the airport? — (　　　) (　　　) a friend of mine.
なぜあなたは空港へ行ったのですか。—— **友人に会うため**です。
125 ▢▢

❻ They were surprised (　　　) (　　　) the letter from their son.
彼らは**息子からの手紙を読んで**驚きました。
126 ▢▢

2 日本文の意味を表すように，（　　）に適当な1語を入れなさい。

❶ Do you know (　　　) (　　　) (　　　) a cake?
あなたは**ケーキの作り方**を知っていますか。
127 ▢▢

❷ Please tell me (　　　) (　　　) (　　　) next.
次に何をすればよいか私に教えてください。
128 ▢▢

❸ He was (　　　) tired (　　　) finish the work.
彼は**その仕事を終わらせるにはあまりにも**疲れていました。
129 ▢▢

❹ This book is (　　　) difficult (　　　) children (　　　) read.
この本は**子どもたちが読むにはむずかしすぎます**。
130 ▢▢

❺ He is (　　　) (　　　) (　　　) drive a car.
彼は**車を運転するのに十分な**（＝運転できる）年齢になっています。
131 ▢▢

❻ (　　　) is fun (　　　) me (　　　) make model planes.
私には模型飛行機を作ることは楽しい。
132 ▢▢

動詞は前に to がつくことによって, さまざまな働きをするようになります。この〈to ＋動詞の原形〉を不定詞といいます。ここでは不定詞のおもな用法を確認しましょう。

基本ポイント

1 不定詞の基本3用法は, 名詞的用法, 形容詞的用法, 副詞的用法の3つ。

■名詞的用法：to 〜 が文の中で名詞の働きする（前章参照）。

　文の主語になったり, 動詞の目的語になったりし,「〜すること」の意味を表す。

　❶ She decided **to join the tennis club**. 〈to join 〜 は動詞 decided の目的語〉

■形容詞的用法：to 〜 が文の中で形容詞の働きをする。

　名詞や代名詞を後ろから修飾し,「〜するための」「〜すべき」などの意味を表す。

　❷ We have a lot of homework **to do** today.

　❸ I need something **to read on the train**.

■副詞的用法：to 〜 が文の中で副詞の働きをする。

　目的（〜するために）や, 感情の原因（〜して）などの意味を表す。

　❹ After school, Alice worked at the shop **to help her family**. 〈目的〉

　❺ Why did you go to the airport? — **To meet a friend of mine**. 〈目的〉

　　＊Why 〜? でたずねられたとき, 目的を表す副詞的用法の不定詞で答えることもある。

　❻ They were surprised **to read the letter from their son**. 〈感情の原因〉

2 不定詞には, さらに次のような用法がある。

■〈疑問詞＋ to 〜〉が名詞の働きをして, 動詞の目的語などになることがある。

　❶ Do you know **how to make** a cake? 〈how to 〜：どうやって〜するのか〉

　❷ Please tell me **what to do next**. 〈what to 〜：何を〜したらよいのか〉

　　＊ここでは what to do next が2つ目の目的語になっている。

■to 〜 が副詞の too や enough といっしょになって, 程度を表すことがある。

　❸ He was **too tired to finish the work**. 〈too は形容詞や副詞の前に置く〉

　　＊too … to 〜 で「〜するには…すぎる, …すぎて〜できない」の意味。

　❹ This book is **too** difficult *for children* **to read**. 〈for − は to 〜 の行為者を表す〉

　❺ He is old **enough to drive a car**. 〈enough は形容詞や副詞のあとに置く〉

　　＊… enough to 〜 で「〜するほど十分に…」の意味。

■It is … (for −) to 〜.「（−には）〜することは…だ」（前章参照）

　❻ **It is fun** *for me* **to make model planes**. 〈It = to make model planes〉

入試アドバイス

〈疑問詞＋ to 〜〉や It is … for − to 〜. などの不定詞を使った言い方は, しばしば語の並べかえの問題で出題されます。並べかえる語の中に, 疑問詞と to や, it と to があったら, こうした不定詞の用法を思いうかべてみましょう。

発展問題

>> 解答書 p.12

1 次の英文の（　　　）に入る最も適当なものを1つ選びなさい。　　　□□

(1) I'm (　　　) busy to have lunch.

ア　to　　　　　　　イ　so　　　　　　　ウ　too　　　　　　　エ　very

(2) Why did you get up so early? — (　　　) practice soccer.

ア　In　　　　　　　イ　On　　　　　　　ウ　To　　　　　　　エ　At

(3) Please tell us (　　　) bag to use. — You should use the big one.

ア　where　　　　　イ　which　　　　　ウ　how　　　　　　エ　when

(4) Ann ran to the station (　　　) the first train.

ア　catch　　　　　イ　catches　　　　ウ　caught　　　　　エ　to catch

(5) I'm wise (　　　) to take care of myself.

ア　enough　　　　イ　too　　　　　　ウ　as　　　　　　　エ　so

2 次の英文の下線部と同じ用法の不定詞を含む文を1つ選び，記号で答えなさい。　　　□□

(1) We like to play the guitar very much.　　　　　　　　　（　　　）

ア　She went to France to study art.

イ　I want to buy a new dictionary.

ウ　Give me something hot to drink.

エ　The children came home early to meet their uncle.

(2) He was glad to see Emily.　　　　　　　　　　　　　　（　　　）

ア　The people decided to build a new school.

イ　We were sorry to hear the news.

ウ　I opened the window to get fresh air.

エ　There are a lot of interesting things to see in this town.

3 次の英文に（　　　）の語句を入れるとしたら，どこが最も適当か。記号で答えなさい。　　　□□

(1) I　had　no　time　a newspaper　today. (to read)　　　（　　　）
　　ア　イ　ウ　エ　　　　　オ

(2) She　called　Fred　him　about　the concert. (to tell)　　（　　　）
　　　　ア　　イ　　ウ　エ　　オ

(3) It　is　dangerous　to　swim　in　this river. (for us)　　（　　　）
　　ア　イ　　　ウ　エ　オ　カ

完成問題

>> 解答書 p.12

1 次の各組の英文がほぼ同じ意味になるように，＿＿に適当な１語を入れなさい。　　　　□□

(1) Do you know the way to Kawasaki Station?

Do you know ＿＿＿＿＿ ＿＿＿＿＿ get to Kawasaki Station?

(2) Nick has a dream of becoming a major leaguer.

Nick's dream is ＿＿＿＿＿ ＿＿＿＿＿ a major leaguer.

(3) I have to do a lot of things this week.

I have a lot of things ＿＿＿＿＿ ＿＿＿＿＿ this week.

(4) You were kind enough to help me with my homework.

＿＿＿＿＿ was kind ＿＿＿＿＿ you ＿＿＿＿＿ help me with my homework.

2 （　　）の中の語句を並べかえて，日本文の意味を表す文を完成させなさい。　　　　□□

(1) I (visit / had / Okinawa / chance / to / no).

私は沖縄を訪れる機会がありませんでした。

----

(2) (is / sing / difficult / to / it / English) songs.

英語の歌を歌うのはむずかしい。

----

(3) I (what / to / to / like / know / would) buy for her.

私は彼女に何を買えばよいのか知りたいのです。

----

(4) They (the environment / to / around / studying / protect / how / are) us.

彼らは私たちのまわりの自然環境をどうやって守るかを研究しています。

----

3 （　　）の語を使って，日本文にあう英文を書きなさい。　　　　□□

(1) 彼らは彼女の言葉を聞いて悲しかった。　（words）

----

(2) とても暑くて私は眠れません。　（hot, me）

----

12 現在分詞と過去分詞 ・・・・・・・・・・

基本文のチェック ▶

1 日本文の意味を表すように，（　　）に適当な1語を入れなさい。

❶ My father (　　　) (　　　) his car in the garage.
私の父はガレージで車を**洗っています**。
133

❷ This picture (　　　) (　　　) by Mr. White.
この写真はホワイト氏によって**撮られました**。
134

❸ That (　　　) (　　　) is my sister.
あの**眠っている**赤ちゃんは私の妹です。
135

❹ Please don't touch the (　　　) (　　　).
その**割れた**窓にさわらないでください。
136

❺ Do you know the (　　　) (　　　) the guitar?
あなたは**ギターをひいている**男の子を知っていますか。
137

❻ This is the dress (　　　) (　　　) my mother.
これは**私の母によって作られた**ドレスです。
138

2 日本文の意味を表すように，（　　）に適当な1語を入れなさい。

❶ I have an aunt (　　　) (　　　) New York.
私には**ニューヨークに住んでいる**おばがいます。
139

❷ All the leaves (　　　) (　　　) from the tree.
その木から葉はすべて**落ちてしまいました**。
140

❸ We have to clean the (　　　) (　　　).
私たちは**落ちてしまった葉**（＝落ち葉）をそうじしなければなりません。
141

❹ Shall we (　　　) (　　　) this afternoon?
きょうの午後，**買い物をしに行きましょう**か。
142

❺ That was a very (　　　) (　　　).
それはとても**興奮させる**（＝わくわくする）試合でした。
143

❻ The (　　　) (　　　) ran into the field.
興奮した人々が競技場にかけこみました。
144

現在分詞（動詞の ing 形）は進行形を，過去分詞は受け身や現在完了をつくるのに使われます
が，現在分詞と過去分詞には名詞を修飾する形容詞のような使い方もあります。

基本ポイント

1 形容詞的用法の分詞は，前から名詞を修飾する場合と後ろから名詞を修飾する場合がある。

■（復習）進行形：〈be 動詞＋現在分詞〉／受け身：〈be 動詞＋過去分詞〉

❶ My father **is washing** his car in the garage.

❷ This picture **was taken** by Mr. White.

＊進行形（～している）と受け身（～される）の意味は次の形容詞的用法にも受けつがれる。

■現在分詞の形容詞的用法：「～している…」／過去分詞の形容詞的用法：「～される〔た〕…」

❸ That **sleeping** *baby* is my sister. 〈現在分詞 sleeping が baby を前から修飾〉

❹ Please don't touch the **broken** *window*. 〈過去分詞 broken が window を前から修飾〉

＊単独の分詞の場合は，名詞を前から修飾する。

❺ Do you know the *boy* **playing the guitar**? 〈playing ～ が boy を後ろから修飾〉

❻ This is the *dress* **made by my mother**. 〈made ～ が dress を後ろから修飾〉

＊〈分詞＋語句〉の場合は，名詞を後ろから修飾する。

2 現在分詞や過去分詞には，さらに次のような使い方がある。

■ふつう進行形にならない状態を表す動詞でも，形容詞的用法の現在分詞になる。

❶ I have an *aunt* **living in New York**.

＊live は，一時的に住んでいるという意味以外ではふつう進行形にならない。

■（復習）過去分詞は現在完了〈have〔has〕＋過去分詞〉でも使われる。

❷ All the leaves **have fallen** from the tree. 〈完了の意味を表す現在完了〉

■過去分詞の形容詞的用法には，完了の意味を持つものもある。

❸ We have to clean the **fallen** *leaves*. 〈fallen「落ちてしまった」が leaves を修飾〉

■ go ～ing「～しに行く」はよく使われる連語表現。

❹ Shall we **go shopping** this afternoon?

■「～させる」という意味の動詞の現在分詞や過去分詞は，しばしば形容詞化して使われる。

❺ That was a very **exciting** game. 〈exciting：興奮させる，わくわくさせる〉

❻ The **excited** people ran into the field. 〈excited：興奮した〉

＊これらは excite（興奮させる）という動詞からできた形容詞。

入試アドバイス

名詞を後ろから修飾する表現方法を理解することは，読解や英作文ではとても重要です。

● 〈前置詞＋語句〉　　　　a present **from my uncle**（おじからのプレゼント）

● 形容詞的用法の不定詞　a chance **to study abroad**（留学をするチャンス）

● 〈分詞＋語句〉　　　　　a letter **written in English**（英語で書かれた手紙）

発展問題

>> 解答書 p.13

1 次の___に（　　）内の語を適する形にかえて書きなさい。　　□□

(1) Do you know the man _____ to your mother? (talk)

(2) Is this the desk _____ by Ken? (use)

(3) That _____ girl is Susan. (dance)

(4) We visited a temple _____ 300 years ago. (build)

(5) I need some _____ eggs. (boil)

(6) The dog _____ over there is mine. (sleep)

(7) Can you see the man _____ in the pool? (swim)

2 次の英文の下線部と同じ用法の分詞を含む文を1つ選び，記号で答えなさい。　　□□

(1) The girl reading a book is Akiko.　　　　　　　　　　　（　　　）

　ア　Bob is looking for his watch.

　イ　The students finished cleaning the classroom.

　ウ　Many people visiting Japan want to go to Kyoto.

　エ　That was an interesting movie.

(2) This is a bag made in France.　　　　　　　　　　　　（　　　）

　ア　We were very tired when we got home.

　イ　The picture painted by the artist is wonderful.

　ウ　I have just arrived at the station.

　エ　Many beautiful stars are seen from here.

3 日本文の意味を表すように，___に適当な1語を入れなさい。　　□□

(1) 彼女は英語で書かれた手紙を受け取りました。

　She received a letter _____ _____ _____.

(2) 私は買い物に出かけて，Tシャツを買いました。

　I _____ _____ and bought a T-shirt.

(3) ドアのそばに立っている女の人はだれですか。

　Who's the _____ _____ by the door?

(4) 気をつけなさい。地面にたくさんの倒木があります。

　Be careful. There are many _____ _____ on the ground.

(5) あなたにはカナダに住んでいる友だちがいますか。

　Do you have any _____ _____ in Canada?

完成問題

>> 解答書 p.13

1 次の英文の日本語訳を完成させなさい。　　　　　　　　　　　□□

(1) Do you know the child riding a bike?

あなたは＿＿＿＿＿＿＿＿＿＿＿＿＿＿＿＿＿＿＿＿＿＿＿＿＿知っていますか。

(2) I couldn't answer the questions asked by the American boy.

私は＿＿＿＿＿＿＿＿＿＿＿＿＿＿＿＿＿＿＿＿答えることができませんでした。

(3) Look at that white bird flying in the sky.

空を＿＿＿＿＿＿＿＿＿＿＿＿＿＿＿＿＿＿＿＿＿＿＿＿＿見てごらん。

(4) There is a broken dish on the table.

テーブルの上に＿＿＿＿＿＿＿＿＿＿＿＿＿＿＿＿＿＿＿＿＿＿＿。

2 (　　　)の中の語句を並べかえて，日本文の意味を表す文を完成させなさい。　　□□

(1) The (hamburger / eating / May / a / is / girl).

ハンバーガーを食べている女の子はメイです。

- -

(2) I (the lake / go / next / in / will / fishing) Sunday.

私は今度の日曜日，湖につりに行くつもりです。

- -

(3) (crying / sister / baby / my / that / is).

あの泣いている赤ちゃんは私の妹です。

- -

(4) (is / spoken / what / language / in / the) Brazil?

ブラジルで話されている言葉は何ですか。

- -

3 次の日本文にあう英文を，(　　　)内の語数で書きなさい。　　　　□□

(1) 私は公園を走っている男の子を知っています。（8語）

- -

(2) これはジムによって撮られた写真です。（7語）

- -

13 さまざまな文型 ● ● ● ● ● ● ● ● ● ● ●

基本文のチェック ▶

1 日本文の意味を表すように，（　　）に適当な1語を入れなさい。

❶ They (　　　) (　　　) Hokkaido last year.
彼らは去年，北海道に**行きました**。 145 ☐☐

❷ You (　　　) (　　　).
あなたは疲れているよう**に見えます**。 146 ☐☐

❸ He (　　　) a science (　　　) three years ago.
彼は3年前に理科の教師**になりました**。 147 ☐☐

❹ Do you (　　　) (　　　) well?
あなたは彼女をよく**知っていますか**。 148 ☐☐

❺ I (　　　) my new camera (　　　) him.
私は彼に私の新しいカメラ**を見せました**。 149 ☐☐

❻ Tom (　　　) (　　　) some English books.
トムは私に何冊か英語の本**をくれました**。 150 ☐☐

❼ I'll (　　　) you (　　　) this is possible.
私はあなたにこれが可能だということ**を示す**つもりです。 151 ☐☐

2 日本文の意味を表すように，（　　）に適当な1語を入れなさい。

❶ My name is Patricia. Please (　　　) (　　　) Patty.
私の名前はパトリシアです。私を**パティと呼ん**でください。 152 ☐☐

❷ Her kind words (　　　) (　　　) (　　　).
彼女の優しいことばは彼を**幸せにしました**。 153 ☐☐

❸ Our teacher (　　　) (　　　) (　　　) read many books.
私たちの先生は私たちにたくさんの本を**読むように言います**。 154 ☐☐

❹ Kaori (　　　) (　　　) (　　　) open the window.
香織は私に窓を**開けるように頼みました**。 155 ☐☐

❺ We (　　　) (　　　) (　　　) play the piano at the party.
私たちはあなたにパーティーでピアノを**ひいてもらいたい**のです。 156 ☐☐

英語の基本的な文型は5つあります。文の主要素である, 主語 (S), 動詞 (V), 目的語 (O), 補語 (C) がどのように組み合わされているかによって, 文型が決まります。

基本ポイント

1 英語の文には, 動詞に目的語 (O) がない文とある文がある。

■SVの文：go, run など〈主語＋動詞〉だけで意味の成り立つ文。

このような文には, 副詞や〈前置詞＋語句〉などの修飾語句がつくことが多い。

❶ They **went** to Hokkaido last year. 〈to Hokkaido, last year は修飾語句〉

■SVCの文：動詞のあとに補語 (主語を説明することば) がくる文。be 動詞の文が代表的。

look「〜に見える」, become「〜になる」などの一般動詞もこの文型をつくる。

❷ You **look** *tired.* 〈tired が補語〉

❸ He **became** *a science teacher* three years ago. 〈a science teacher が補語〉

＊It gets dark.「暗くなる」のように get もあとに形容詞がくるとこの文型になる。

■SVOの文：動詞のあとに1つの目的語 (〜を) がくる文。

❹ Do you **know** *her* well? 〈her が目的語〉

❺ I **showed** *my new camera* to him. 〈SVO の後ろに修飾語句 to 〜 がついた文〉

■SVOOの文：動詞のあとに2つの目的語 (…に〜を) がくる文。ふつう〈動詞＋人＋もの〉の形。この文型をつくる動詞には give, buy, send, show, tell, teach, ask などがある。

❻ Tom **gave** *me some English books.* 〈some English books が2つ目の目的語〉

❼ I'll **show** *you that this is possible.* 〈that 〜 が2つ目の目的語〉

2 目的語のあとに, 目的語を説明することばや, 目的語の動作を表すことばがくる文もある。

■SVOCの文：目的語のあとに補語 (目的語を説明することば) がくる文。

call A B「AをBと呼ぶ」, make A B「AをB (の状態) にする」が代表的。

❶ My name is Patricia. Please **call** *me Patty.* 〈call A B の B は名詞〉

❷ Her kind words **made** *him happy.* 〈make A B の B は形容詞・名詞〉

■〈SVO＋to 〜〉の文：目的語のあとに不定詞がきて, 目的語の動作を表す。

この形の文をつくる動詞には, tell, ask, want などがある。

❸ Our teacher **tells** us *to read* many books. 〈tell A to 〜：Aに〜するように言う〉

❹ Kaori **asked** me *to open* the window. 〈ask A to 〜：Aに〜するように頼む〉

❺ We **want** you *to play* the piano at the party. 〈want A to 〜：Aに〜してもらいたい〉

＊この文は We *would like* you *to* play 〜. とすると, ていねいな言い方になる。

入試アドバイス

5文型を中心に, 文の基本形をしっかりと頭に入れておきましょう。特に,〈SVOC〉の文や〈SVO＋to 〜〉の文は, 入試問題では頻出です。これらの文をつくる動詞は限られているので (make, call, name と tell, ask, want など), しっかりとマスターしておきましょう。

発展問題

>> 解答書 p.14

1 次の英文と同じ文型の文を１つ選び，記号で答えなさい。　　　　□□

(1) We watched a music program on TV after dinner.　　　　（　　　）

(2) Can I ask you a question?　　　　（　　　）

(3) The movie made the people sad.　　　　（　　　）

(4) Ann runs along the river every morning.　　　　（　　　）

(5) It is getting cold.　　　　（　　　）

　　ア　Mr. and Mrs. White named their daughter Karen.

　　イ　Your idea sounds great.

　　ウ　Do you have breakfast every day?

　　エ　My grandmother often tells me an interesting story.

　　オ　Has the bus arrived at the stop yet?

2 日本文の意味を表すように，＿＿に適当な１語を入れなさい。　　　　□□

(1) あなたのお母さんはとても若く見えます。

Your mother ＿＿＿＿ very ＿＿＿＿.

(2) その女の子は私に彼女の写真を撮るように頼みました。

The girl ＿＿＿＿ me ＿＿＿＿ take her picture.

(3) 彼の名前は雅夫です。彼の友人たちは彼をマサと呼びます。

His name is Masao. His friends ＿＿＿＿ ＿＿＿＿ Masa.

(4) 私の父は私に新しいコンピュータを買ってくれるでしょう。

My father will ＿＿＿＿ ＿＿＿＿ a new computer.

(5) ナンシーは私に美しいカードを送ってくれました。

Nancy ＿＿＿＿ a beautiful card ＿＿＿＿ me.

3 次の英文の日本語訳を完成させなさい。　　　　□□

(1) Mr. Ito told his son to wash the car.

伊藤さんは＿＿＿＿＿＿＿＿＿＿＿＿＿＿＿＿＿＿＿＿＿＿＿＿言いました。

(2) She taught me how to make a cake.

彼女は＿＿＿＿＿＿＿＿＿＿＿＿＿＿＿＿＿＿＿＿＿＿＿教えてくれました。

(3) We want him to join our baseball team.

私たちは＿＿＿＿＿＿＿＿＿＿＿＿＿＿＿＿＿＿＿＿もらいたいと思います。

完成問題

>> 解答書 p.14

1 次の各組の英文がほぼ同じ意味になるように，＿＿に適当な1語を入れなさい。 □□

(1) My father makes us lunch on Sunday.

　 My father ＿＿＿＿＿ lunch ＿＿＿＿＿ ＿＿＿＿＿ on Sunday.

(2) Tom said to Jill, "Please help me with my homework."

　 Tom ＿＿＿＿＿ Jill ＿＿＿＿＿ ＿＿＿＿＿ him with his homework.

(3) We were surprised to hear the news.

　 The news ＿＿＿＿＿ ＿＿＿＿＿ surprised.

(4) My parents often say to me, "Go to bed early."

　 My parents often ＿＿＿＿＿ me ＿＿＿＿＿ ＿＿＿＿＿ to bed early.

2 (　　)の中の語を並べかえて，日本文の意味を表す文を完成させなさい。 □□

(1) He (that / told / see / should / me / I) that movie.

　 彼は私にその映画を見るべきだと言いました。

　 ---

(2) (flower / call / what / you / do / this) in English?

　 この花を英語で何と呼びますか。

　 ---

(3) (want / here / you / stay / I / to) longer.

　 私はあなたにここにもっと長くいてほしいです。

　 ---

(4) (cloud / dog / looks / that / a / like).

　 あの雲は犬のように見えます。

　 ---

3 次の日本文にあう英文を，(　　)内の語数で書きなさい。 □□

(1) 彼女は私に彼女のかばんを運ぶように頼みました。 （7語）

　 ---

(2) 私にあなたの辞書を貸してくれませんか。 （6語）

　 ---

14 接続詞 ● ● ● ● ● ● ● ● ● ● ● ● ●

基本文のチェック ▶

1 日本文の意味を表すように，（　　）に適当な1語を入れなさい。

❶ I moved to this town（　　）（　　）（　　）ten years old.
私は10歳**のとき**，この町に引っ越してきました。 　157 □□

❷ （　　）（　　）（　　）sunny tomorrow, let's go hiking.
もしあす晴れ**たら**，ハイキングに行きましょう。 　158 □□

❸ He didn't go out（　　）he had a headache.
彼は頭痛がした**ので**，外出しませんでした。 　159 □□

❹ I know（　　）Ms. Brown is from Canada.
私はブラウンさんがカナダ出身だ**ということ**を知っています。 　160 □□

❺ Do you（　　）this book is interesting?
あなたはこの本はおもしろい**と思います**か。 　161 □□

❻ I'm（　　）you will win the game.
私はきっとあなたが試合に勝つ**と思います**。 　162 □□

❼ I（　　）（　　）they（　　）very kind.
私は彼らはとても親切だ**と思いました**。 　163 □□

2 日本文の意味を表すように，（　　）に適当な1語を入れなさい。

❶ Mr. Smith speaks（　　）English（　　）French.
スミスさんは英語**と**フランス語**の両方**を話します。 　164 □□

❷ （　　）John（　　）Nancy takes this dog for a walk.
ジョン**か**ナンシー**のどちらか**がこの犬を散歩に連れていきます。 　165 □□

❸ （　　）only you but（　　）I am wrong.
あなた**だけでなく**私**も**間違っています。 　166 □□

❹ It began to rain（　　）（　　）（　　）I got home.
私が帰宅する**とすぐに**雨が降り始めました。 　167 □□

❺ My mother was（　　）angry（　　）she didn't say anything.
私の母は**とても**腹が立った**ので**，何も言いませんでした。 　168 □□

接続詞は語と語，句と句，文と文を結びつける語です。その中でも，後ろに文の形がきて，文全体の中で副詞や名詞の働きをする接続詞は，読解力・表現力を高める上でとても重要です。

基本ポイント

1 接続詞の後ろに文の形がきて，それ全体が副詞や名詞の働きをすることがある。

■〈接続詞＋主語＋動詞…〉が副詞の働きをする。

❶ I moved to this town **when** I was ten years old. 〈when ～：～のとき〉

＊〈接続詞＋主語＋動詞…〉の部分は，文の前半と後半のどちらに置いてもよい。

❷ **If** it is sunny tomorrow, let's go hiking. 〈if ～：(もし) ～ならば〉

＊条件を表す if ～ や時を表す when ～ の中では，未来の内容でも現在形で表す。

❸ He didn't go out **because** he had a headache. 〈because ～：(なぜなら) ～なので〉

■〈接続詞 that ＋主語＋動詞…〉は名詞 (～ということ) の働きをして，動詞の目的語になる。

❹ I know **that** Ms. Brown is from Canada. 〈that Ms. Brown ～ が know の目的語〉

❺ Do you think (**that**) this book is interesting? 〈think のあとに that が省略されている〉

＊〈that ＋主語＋動詞…〉の that はしばしば省略される。

■感情や判断を表す形容詞のあとに that ～ が続くこともある。

❻ I'm *sure* (**that**) you will win the game. 〈I'm sure (that) ～. : きっと～だと思う〉

■時制の一致：that の前の動詞が過去形のとき，ふつう that ～ の中の動詞も過去形になる。

❼ I *thought* **that** they *were* very kind. 〈that の前の動詞 thought は think の過去形〉

＊訳すときは they were very kind を「彼らはとても親切だ」と現在のように訳す。

2 接続詞をふくむ連語や，接続詞の働きをする語句。

■ both A and B「AもBも両方とも」，either A or B「AかBのどちらか」

not only A but also B「AだけでなくBも (また)」

❶ Mr. Smith speaks **both** English **and** French.

❷ **Either** John **or** Nancy takes this dog for a walk.

＊Either A or B が主語のときは，ふつう動詞は B (ここでは Nancy) に合わせる。

❸ **Not only** you **but also** I am wrong.

＊not only A but also B が主語のときは，ふつう動詞は B (ここでは I) に合わせる。

■ as soon as ～「～するとすぐに」，so ～ that …「とても～なので…」

❹ It began to rain **as soon as** I got home.

❺ My mother was **so** angry **that** she didn't say anything.

入試アドバイス

〈接続詞＋主語＋動詞…〉をマスターすると，長い英文を読めるようになるだけでなく，表現力もぐんとアップします。たとえば，自由英作文で，自分の思っていることや，その理由を書くときなど，接続詞の that や because を使うと，文章の組み立てがしやすくなります。

発展問題

>> 解答書 p.15

1 次の英文の（　　）に入る最も適当なものを１つ選びなさい。　　□□

(1) We tried to find the key, (　　) we couldn't.
　　ア　or　　　　　　イ　but　　　　　　ウ　that　　　　　エ　before

(2) Is your bag blue (　　) red? — It's blue.
　　ア　or　　　　　　イ　and　　　　　ウ　but　　　　　エ　that

(3) Bob thinks (　　) watching TV is fun.
　　ア　and　　　　　イ　it　　　　　　ウ　this　　　　　エ　that

2 日本文の意味を表すように，＿＿に適当な１語を入れなさい。　　□□

(1) 私はとても興奮しているので，今夜は眠れません。
　　I'm ＿＿＿＿＿ excited ＿＿＿＿＿ I can't sleep tonight.

(2) 私はその老婦人がとても健康でうれしかった。
　　I ＿＿＿＿＿ glad ＿＿＿＿＿ the old woman ＿＿＿＿＿ very healthy.

(3) 私たちは犬もねこも両方好きです。
　　We like ＿＿＿＿＿ dogs ＿＿＿＿＿ cats.

(4) 雨がはげしく降っていたので，メアリーは家にいました。
　　Mary stayed home ＿＿＿＿＿ ＿＿＿＿＿ was raining hard.

(5) 私は時間があるとき，よく音楽を聞きます。
　　＿＿＿＿＿ I have time, I often listen to music.

(6) 彼は帰宅するとすぐに，テレビゲームを始めました。
　　＿＿＿＿＿ ＿＿＿＿＿ ＿＿＿＿＿ he got home, he began to play a video game.

3 次の英文の日本語訳を完成させなさい。　　□□

(1) Mr. Morgan went not only to Tokyo but also to Kyoto.
　　モーガンさんは＿＿＿＿＿＿＿＿＿＿＿＿＿＿＿＿＿＿＿＿＿行きました。

(2) I'm afraid that I can't go with you.
　　（残念ですが）私は＿＿＿＿＿＿＿＿＿＿＿＿＿＿＿＿＿＿＿＿。

(3) Do you know she will visit Japan?
　　あなたは＿＿＿＿＿＿＿＿＿＿＿＿＿＿＿＿＿＿＿を知っていますか。

(4) If you like this book, I'll give it to you.
　　＿＿＿＿＿＿＿＿＿＿＿＿＿＿＿＿＿＿＿，あなたに（それを）あげます。

完成問題

>> 解答書 p.15

1 次の各組の英文がほぼ同じ意味になるように，___に適当な１語を入れなさい。 ☐☐

(1) The question was very difficult, so the students couldn't answer it.

The students couldn't answer the question _____ it was very difficult.

(2) He finished his homework, and used the Internet.

He used the Internet _____ he finished his homework.

(3) She is too tired to move.

She is _____ _____ _____ she can't move.

(4) I want a pencil. I want a notebook, too.

I want _____ a pencil _____ a notebook.

2 （　　）の中の語を並べかえて，日本文の意味を表す文を完成させなさい。 ☐☐

(1) (or / either / Tom / to / has / you) go there.

あなたかトムのどちらかがそこに行かなくてはなりません。

----

(2) Mika (dinner / was / called / when / cooking / I) her.

私が電話したとき，美香は夕食を作っていました。

----

(3) (hope / mother / your / I / get / will) well soon.

あなたのお母さんがすぐに回復すればいいと思います。

----

(4) Please (I / here / back / come / until / wait).

私が戻ってくるまでここで待っていてください。

----

3 （　　）の語を使って，日本文にあう英文を書きなさい。 ☐☐

(1) 私は英語はとても重要だと思います。 （very）

----

(2) もしあなたがひまなら，私を手伝ってください。 （free）

----

15 関係代名詞

基本文のチェック ▶

1 日本文の意味を表すように，（　　）に適当な1語を入れなさい。

❶ I know a boy （　　）（　　）a lot of comic books.
私は**たくさん漫画を持っている**男の子を知っています。　169 ☐☐

❷ They are musicians （　　）（　　）（　　）to everyone.
彼らは**だれにも知られている**音楽家たちです。　170 ☐☐

❸ The man （　　）（　　）our cat was Nick's father.
私たちのねこを見つけた男の人はニックのお父さんでした。　171 ☐☐

❹ Today he got a letter （　　）（　　）（　　）in English.
きょう，彼は**英語で書かれた**手紙を受け取りました。　172 ☐☐

❺ The dog （　　）（　　）（　　）around the tree is ours.
木のまわりを走っている犬は私たちのです。　173 ☐☐

❻ This is a book （　　）（　　）us useful information.
これは**私たちに役に立つ情報を与える**本です。　174 ☐☐

❼ Masao was the only student （　　）（　　）answer the question.
雅夫は**その質問に答えることができた**唯一の生徒でした。　175 ☐☐

2 日本文の意味を表すように，（　　）に適当な1語を入れなさい。

❶ I like the bike （　　）my father （　　）for me.
私は**父が私に買ってくれた**自転車が気に入っています。　176 ☐☐

❷ The people （　　）they （　　）yesterday （　　）very kind.
彼らがきのう会った人々はとても親切でした。　177 ☐☐

❸ How was the movie （　　）（　　）last week?
あなたが先週見た映画はどうでしたか。　178 ☐☐

❹ Is there anything （　　）（　　）do for you?
あなたのために私ができることは何かありますか。　179 ☐☐

❺ The cake （　　）（　　）（　　）delicious.
彼女が作ったケーキはとてもおいしかった。　180 ☐☐

関係代名詞は，〈関係代名詞（＝主語）＋動詞…〉または〈関係代名詞（＝目的語）＋主語＋動詞…〉
の形で前の名詞を修飾します。修飾される名詞を先行詞といいます。

基本ポイント

1 〈関係代名詞（＝主語）＋動詞…〉が形容詞の働きをして，前の名詞を修飾する。

■ who：先行詞が「人」のときに使う。あとに続く動詞の主語の働きをする。

❶ I know *a boy* **who has a lot of comic books.** 〈who 以下が a boy を修飾〉

❷ They are *musicians* **who are known to everyone.**

　＊who のあとに続く動詞の形は，先行詞（①は a boy で，②は musicians）に合わせる。

❸ *The man* **who found our cat** was Nick's father.

　＊The man を〈関係代名詞＋動詞…〉が修飾しているため，主語が長くなっている。

■ which：先行詞が「もの」「動物」のときに使う。あとに続く動詞の主語の働きをする。

❹ Today he got *a letter* **which was〔is〕 written in English.**

❺ *The dog* **which is running around the tree** is ours.

❻ This is *a book* **which gives us useful information.**

　＊which のあとの動詞の形は先行詞に合わせる。

■ that：先行詞が「人」「もの」「動物」いずれのときにも使える（上の①〜⑥は that でもよい）。

❼ Masao was *the only student* **that〔who〕 could answer the question.**

　＊先行詞が only, first などで限定されているときには，that がよく使われる。

2 〈関係代名詞（＝目的語）＋主語＋動詞…〉が形容詞の働きをして，前の名詞を修飾する。

■ which：先行詞が「もの」「動物」のときに使う。

　that：先行詞が「人」「もの」「動物」のときに使う。「人」の場合は，whom〔who〕も可。

❶ I like *the bike* **which〔that〕 my father bought for me.** 〈which 以下が the bike
を修飾〉

❷ *The people* **that they met yesterday** were very kind. 〈先行詞は the people〉

　＊①②の which〔that〕は，あとに続く〈主語＋動詞〉の動詞の目的語の働きをする。

■ この形では，関係代名詞が省略され，〈主語＋動詞…〉が前の名詞を修飾することが多い。

❸ How was *the movie* **you saw last week**? 〈you saw 〜 が the movie を修飾〉

❹ Is there *anything* **I can do for you**?

❺ *The cake* **she made** was delicious. 〈The cake she made が文の主語〉

　＊関係代名詞が省略された〈主語＋動詞…〉の形を接触節ということもある。

入試アドバイス

読解力をレベルアップさせる上で，名詞に対する後ろからの修飾（後置修飾）を読みとること
はとても大切です。関係代名詞を使った修飾も重要な後置修飾の１つで，〈主語＋動詞〉をふ
くむ節が名詞を後ろから修飾する形になります。

発展問題

>> 解答書 p.16

1 次の英文で下線部の語を省略できるものを４つ選び, 記号で答えなさい。　　　□□

ア　A nurse is a person <u>who</u> takes care of sick people.

イ　Can you show me the bag <u>which</u> you got in New York?

ウ　Soseki is the writer <u>who</u> wrote *Botchan*.

エ　Mimi is the cat <u>that</u> Mamoru keeps.

オ　Mr. Fisher is a scientist <u>that</u> studies about animals in the sea.

カ　The American students <u>that</u> I met were interested in Japanese culture.

キ　Here are pictures <u>which</u> I took in Okinawa.

ク　I have a dog <u>which</u> has long ears.　　　　（　　）（　　）（　　）（　　）

2 日本文の意味を表すように, ＿＿に適当な１語を入れなさい。　　　□□

(1) 絵里によって作られたケーキを食べましょうか。

Shall we eat the cake ＿＿＿＿ ＿＿＿＿ ＿＿＿＿ by Eri?

(2) これは彼が毎日使う自転車です。

This is the bike ＿＿＿＿ ＿＿＿＿ every day.

(3) 私たちにはだれか中国語を話せる人が必要です。

We need someone ＿＿＿＿ ＿＿＿＿ ＿＿＿＿ Chinese.

(4) あなたがいちばん好きな歌手はだれですか。

Who is the singer ＿＿＿＿ you ＿＿＿＿ the best?

(5) 彼女がしたスピーチはとても印象的でした。

The speech ＿＿＿＿ ＿＿＿＿ was very impressive.

3 次の英文の日本語訳を完成させなさい。　　　□□

(1) The boy who broke the window ran away.

＿＿＿＿＿＿＿＿＿＿＿＿＿＿＿＿＿＿＿＿＿＿＿＿＿＿＿＿＿逃げました。

(2) This is the song that made her famous.

これが＿＿＿＿＿＿＿＿＿＿＿＿＿＿＿＿＿＿＿＿＿＿＿です。

(3) Kamakura is the city he often visits.

鎌倉は＿＿＿＿＿＿＿＿＿＿＿＿＿＿＿＿＿＿＿＿＿＿＿です。

(4) I found the watch which I lost last week.

私は＿＿＿＿＿＿＿＿＿＿＿＿＿＿＿＿＿＿＿＿＿＿＿見つけました。

完成問題

>> 解答書 p.16

1 次の各組の英文がほぼ同じ意味になるように，＿＿に適当な１語を入れなさい。 □□

(1) Look at the cat sleeping on the bed.

Look at the cat ＿＿＿＿＿ ＿＿＿＿＿ ＿＿＿＿＿ on the bed.

(2) The dinner which was cooked by Ms. Brown was very delicious.

The dinner ＿＿＿＿＿ ＿＿＿＿＿ Ms. Brown was very delicious.

(3) The girl with long hair is Lucy.

The girl ＿＿＿＿＿ has long hair is Lucy.

(4) These are the pictures taken by Fred.

These are the pictures ＿＿＿＿＿ ＿＿＿＿＿.

2 （　）の中の語句を並べかえて，日本文の意味を表す文を完成させなさい。 □□

(1) Let's watch (I / the DVD / from / borrowed / her).

　私が彼女から借りたDVDを見ましょう。

----

(2) This is (wanted / I / buy / the computer / have / to).

　これは私がずっと買いたいと思っていたコンピュータです。

----

(3) (who / sister / Sam / works / a / has) in Canada.

　サムにはカナダで働いているお姉さんがいます。

----

(4) (is / on / that / the hill / stands / the building) a museum.

　丘の上に立っている建物は美術館です。

----

3 次の日本文にあう英文を，（　）内の語数で書きなさい。 □□

(1) 私はピアノをじょうずにひく女の子を知っています。（9語）

----

(2) これは私がきのう買った本です。（7語）

----

16 注意すべき冠詞・名詞・形容詞・・・

1 日本文の意味を表すように，（　　）に適当な1語を入れなさい。

❶ (　　　) old man lived in (　　　) village. He had (　　　) dog.
ある村に**1人の**老人が住んでいました。彼は**1匹の**犬を飼っていました。　181 ☐☐

❷ I bought (　　　) new watch. This is (　　　) watch.
私は（**1個の**）新しい腕時計を買いました。これが**その**時計です。　182 ☐☐

❸ Tom, can you open (　　　) window?
トム，（**その**）窓を開けてくれませんか。　183 ☐☐

❹ (　　　) earth goes around (　　　) sun.
地球は**太陽**のまわりを回ります。　184 ☐☐

❺ Satoru and Pete are in (　　　) same class.
悟とピートは**同じ**クラスです。　185 ☐☐

❻ We went to Hokkaido (　　　) (　　　).
私たちは**飛行機で**北海道に行きました。　186 ☐☐

2 日本文の意味を表すように，（　　）に適当な1語を入れなさい。

❶ There are (　　　) students in the classroom.
教室に**何人かの**生徒がいます。　187 ☐☐

❷ Do you have (　　　) cats? — No. I don't have (　　　) pets.
きみはねこを（**何匹か**）飼っていますか。— いいえ。ペットは**何も**飼っていません。　188 ☐☐

❸ We have (　　　) rain here in June.
ここでは6月に**たくさんの**雨が降ります（＝雨がたくさん降ります）。　189 ☐☐

❹ I have (　　　) (　　　) money with me now.
私はいま，**少しの**お金を持っています（＝お金を少し持っています）。　190 ☐☐

❺ She has (　　　) friends at school.
彼女は学校には**少ししか**〔**ほとんど**〕友だちが**いません**。　191 ☐☐

❻ I had (　　　) (　　　) (　　　) coffee this morning.
私はけさ**2杯の**コーヒーを飲みました（＝コーヒーを2杯飲みました）。　192 ☐☐

名詞には，数えられる名詞と数えられない名詞があります。数えられる名詞か数えられない名詞かによって，冠詞のつけ方や，数量の表し方も違ってきます。

基本ポイント

1 冠詞の a や an は "不特定" のものにつけ，the は "特定" のものにつける。

■数えられる名詞が "単数" で "不特定" の場合には，a や an（母音の前）がつく。

❶ **An** old man lived in **a** village. He had **a** dog.

■名詞が文脈や状況から "特定" される場合には，the がつく。

❷ I bought **a** new watch. This is **the** watch. 〈文脈〉

❸ Tom, can you open **the** window? 〈状況〉

❹ **The earth** goes around **the sun**.

❺ Satoru and Pete are in **the same** class.

＊1つしかない天体や only, same, 序数などがつく名詞も "特定" されるので the がつく。

■〈by ＋乗り物〉，go to school などのように，慣用的に冠詞をつけない場合がある。

❻ We went to Hokkaido **by plane**〔**airplane**〕.

2 数えられる名詞には "数" を表す語句が，数えられない名詞には "量" を表す語句がつく。

■some と any：「いくつかの，いくらかの」の意味を表し，"数""量" どちらにも使える。

ふつう some は肯定文で，any は疑問文で使う。特に訳さないことも多い。

❶ There are **some** students in the classroom.

❷ Do you have **any** cats? — No. I **don't** have **any** pets.

＊any を否定文で使うと「1つも〔少しも〕〜ない」の意味になる。

■many と much：「たくさんの〜」の意味を表す。many は "数" に，much は "量" に使う。

❸ We have **much** rain here in June. 〈rain は数えられない名詞〉

＊なお，a lot of も「たくさんの〜」の意味を表し，"数""量" どちらにも使える。

■a few と a little：「少しの〜」の意味を表す。a few は "数" に，a little は "量" に使う。

❹ I have **a little** money with me now. 〈money は数えられない名詞〉

❺ She has **few** friends at school. 〈friend は数えられる名詞〉

＊a のない few と little は「ほとんど〔少ししか〕〜ない」という否定的な意味になる。

■数えられない名詞の数え方：a cup of 〜「1杯の〜」，a piece of 〜「1つの〜」など。

2つ以上を表すときには two cup<u>s</u> of tea のように，単位を表す語を複数形にする。

❻ I had **two cups of** coffee this morning. 〈coffee は数えられない名詞〉

入試アドバイス

冠詞の使い方や，数量の表し方は，文の構造に直接影響する文法事項ではありませんが，英文を書くときには，必ずといっていいほど直面する問題です。数えられる名詞か数えられない名詞か，名詞が特定されているか不特定か，などには日頃から注意するようにしましょう。

発展問題

>> 解答書 p.17

1 次の英文の（　　）に入る最も適当なものを１つ選びなさい。　　　　　□□

(1) Do you have (　　　) friends in Australia?

　　ア　a　　　　　　イ　an　　　　　ウ　some　　　エ　any

(2) I saw (　　　) people in the park.

　　ア　any　　　　　イ　much　　　　ウ　a little　　　エ　a few

(3) You mustn't eat too (　　　) food.

　　ア　a　　　　　　イ　much　　　　ウ　few　　　　エ　many

(4) There (　　　) some milk in the bottle last night.

　　ア　is　　　　　　イ　are　　　　　ウ　was　　　　エ　were

2 ＿＿に a, an, the のうち適当な１語を入れなさい。不要な場合は×を書きなさい。　□□

(1) その男の子たちはこの前の日曜日, 海で泳ぎました。

　　The boys swam in ＿＿＿＿ sea last Sunday.

(2) 私はあるアメリカ人の女の子に会いました。これはその女の子の写真です。

　　I met ＿＿＿＿ American girl.　This is a picture of ＿＿＿＿ girl.

(3) 私たちははじめてシドニーに来ました。

　　We came to ＿＿＿＿ Sydney for ＿＿＿＿ first time.

(4) アンディーは 10 時に寝ました。

　　Andy went to ＿＿＿＿ bed at ten.

(5) 机の上に１本のペンがあります。

　　There is ＿＿＿＿ pen on ＿＿＿＿ desk.

3 次の英文の日本語訳を完成させなさい。　　　　　　　　　　　　　□□

(1) Would you like a cup of tea?

　　＿＿＿＿＿＿＿＿＿＿＿＿＿＿＿＿＿＿＿＿＿＿＿＿＿＿＿いかがですか。

(2) I visit my grandmother once a month.

　　私は＿＿＿＿＿＿＿＿＿＿＿＿＿＿＿＿＿＿＿＿＿＿＿訪ねます。

(3) He speaks a little English.

　　彼は＿＿＿＿＿＿＿＿＿＿＿＿＿＿＿＿＿＿＿＿＿＿＿＿＿。

(4) Ms. Suzuki listens to the radio in the morning.

　　鈴木さんは＿＿＿＿＿＿＿＿＿＿＿＿＿＿＿＿＿＿＿＿＿＿＿。

完成問題

>> 解答書 p.17

1 （　　）内の指示に従って書きかえるとき，＿＿に適当な1語を入れなさい。　□□

(1) It snowed a lot last month.（ほぼ同じ内容の文に）

We ＿＿＿＿＿＿ ＿＿＿＿＿＿ snow last month.

(2) I have no time today.（ほぼ同じ内容の文に）

I ＿＿＿＿＿＿ have ＿＿＿＿＿＿ time today.

(3) I need <u>a</u> piece of paper.（下線部を two にかえた文に）

I need ＿＿＿＿＿＿ ＿＿＿＿＿＿ ＿＿＿＿＿＿ paper.

(4) The students have much homework today.（ほぼ同じ内容の文に）

The students have ＿＿＿＿＿＿ ＿＿＿＿＿＿ ＿＿＿＿＿＿ homework today.

2 （　　）の中の語を並べかえて，日本文の意味を表す文を完成させなさい。　□□

(1) Is (playing / good / piano / the / she / at)?

彼女はピアノをひくのがじょうずですか。

----

(2) Please (of / give / glass / me / water / another).

私にもう1杯水をください。

----

(3) Ken will (in / be / few / a / minutes / back).

健は数分で戻ってきます。

----

(4) (school / went / bus / to / by / I) yesterday.

私はきのう，バスで学校へ行きました。

----

3 （　　）の語を使って，日本文にあう英文を書きなさい。　□□

(1) 彼は世界中で有名です。　(all)

----

(2) 私のかばんの中にボールがいくつかあります。　(in)

----

17 注意すべき代名詞 ● ● ● ● ● ● ● ● ●

基本文のチェック ▶

1 日本文の意味を表すように，（　　）に適当な1語を入れなさい。

❶ I have my own computer at home. I use (　　　) every day.
私は家に自分のコンピュータを持っています。私は**それを**毎日使います。　193 ☐☐

❷ My computer has broken down. I want to buy (　　　).
私のコンピュータはこわれてしまいました。**1台**買いたいです。　194 ☐☐

❸ (　　　) is sunny and warm today.
きょうは晴れていて暖かいです。　195 ☐☐

❹ I don't like this sweater. Please show me (　　　).
私はこのセーターは気に入りません。**ほかのもの**を見せてください。　196 ☐☐

❺ We have two cats. (　　　) is black, and (　　　) (　　　) is white.
私たちはねこを2匹飼っています。**1匹**は黒で，**もう1匹**は白です。　197 ☐☐

❻ (　　　) of them are tired after the hard work.
彼らの**全員**が（＝彼らはみな）たいへんな仕事のあとで疲れています。　198 ☐☐

❼ (　　　) of the students has his or her lunch.
生徒たちの**それぞれ**が自分のお弁当を持っています。　199 ☐☐

2 日本文の意味を表すように，（　　）に適当な1語を入れなさい。

❶ (　　　) (　　　) wants to talk with Sam.
どの女の子**も**サムと話をしたがっています。　200 ☐☐

❷ (　　　) (　　　) new to me here in Canada.
ここカナダでは，**すべてのこと**が私にとって新しいです。　201 ☐☐

❸ Please give me (　　　) (　　　) to drink.
私に**何か**冷たい飲み**物**をください。　202 ☐☐

❹ Do you know (　　　) who can speak Chinese well?
あなたは**だれか**中国語をじょうずに話せる**人**を知っていますか。　203 ☐☐

❺ He said to (　　　), "I'll do it (　　　)."
彼は「**自分で**それをやろう」と**自分に**言い聞かせました（＝心の中で思いました）。　204 ☐☐

68

特定のものをさす人称代名詞や指示代名詞以外にも, さまざまな代名詞があります。ここでは不特定のものをさす不定代名詞を中心に, 注意すべき代名詞の用法を見ておきましょう。

基本ポイント

1 it と one, another と the other などの違いをしっかりと理解しておこう。

■特定のものをさす it「それ」と, 不特定の同種のものをさす one「(同種の) もの, 1つ」

  ❶ I have my own computer at home. I use **it** every day. 〈it = the computer〉

  ❷ My computer has broken down. I want to buy **one**. 〈one = a computer〉

  ＊a new one「新しいもの」のように, 〈a〔an〕＋形容詞＋ one〉の形でもよく使う。

■it の特別用法：時, 天気, 寒暖, 明暗, 距離を表す文の主語に使う。

  ❸ **It** is sunny and warm today. 〈この it は特に訳さない〉

■不特定の別のものをさす another (＝ an other) と, 特定の別のものをさす the other。

  ❹ I don't like this sweater. Please show me **another**.

  ❺ We have two cats. **One** is black, and **the other** is white.

  ＊「(2つのうちの) もう1つ」は特定されるので the other を使う。

■all「すべて」と each「それぞれ」

  ❻ **All** of them are tired after the hard work.

  ❼ **Each** of the students has his or her lunch. 〈each は単数扱い〉

2 その他のさまざまな代名詞。

■〈every ＋単数名詞〉「どの〜も, すべての〜」(every は形容詞)

  ❶ **Every girl** wants to talk with Sam. 〈every のあとには単数名詞がくる〉

  ❷ **Everything** is new to me here in Canada.

  ＊every に thing (もの), one (人) がついてできた代名詞が everything と everyone。

■every のほか, some, any に thing, one がついてできた代名詞もある。

  これらは単数として扱われ, 形容詞をつける場合は後ろに置く。

  ❸ Please give me **something** cold to drink. 〈形容詞 cold は something の後ろに置く〉

  ❹ Do you know **anyone** who can speak Chinese well?

  ＊「だれか」は, 肯定文なら someone を, 疑問文なら anyone を使う。

■再帰代名詞：「〜自身を〔に〕, 〜自身, 自分で」などの意味を表す。p.102参照。

  目的語が主語 (ここでは He) と同一人物のときや,「自分で」と強調するときに使う。

  ❺ He said to **himself**, "I'll do it **myself**."

入試アドバイス

長文読解問題では, that, one, it などの代名詞のさす内容を答えさせる設問がよく出題されます。代名詞がさすものが何かをしっかりつかむことは, 読解の基本です。そのためにも, それぞれの代名詞の性質をよく理解しておきましょう。

発展問題

>> 解答書 p.18

1 次の英文の（　　）に入る最も適当なものを１つ選びなさい。　　　　□□

(1) (　　　) student had work experience.

　　ア　All　　　　　イ　Every　　　　ウ　Some　　　　エ　Many

(2) Please help (　　　) to the fruit.　—　Thank you.

　　ア　you　　　　　イ　your　　　　ウ　yours　　　　エ　yourself

(3) I bought two T-shirts.　One is white, and the (　　　) is red.

　　ア　another　　　イ　one　　　　ウ　other　　　　エ　some

2 日本文の意味を表すように，＿＿に適当な１語を入れなさい。　　　□□

(1) 私は新しい本を買いました。それはテーブルの上にあります。

　　I bought a new book. ＿＿＿＿＿＿＿ is on the table.

(2) クッキーは気に入りましたか。— はい。もう１つほしいです。

　　Did you like the cookie?　—　Yes.　I want ＿＿＿＿＿＿＿.

(3) 私たちは木の下に何か白いものを見ました。

　　We saw ＿＿＿＿＿＿＿ ＿＿＿＿＿＿＿ under the tree.

(4) どちらのかばんが好きですか。— この大きなのが好きです。

　　Which bag do you like?　—　I like this big ＿＿＿＿＿＿＿.

(5) 私たちは他人のことを考えるべきです。

　　We should think of ＿＿＿＿＿＿＿.

(6) その男の人はお金をすべて使ってしまいました。

　　The man spent ＿＿＿＿＿＿＿ of his money.

3 次の英文の日本語訳を完成させなさい。　　　　　　　　　　□□

(1) How far is it from here to the station?

　　ここから駅まで＿＿＿＿＿＿＿＿＿＿＿＿＿＿＿＿＿＿＿＿＿＿＿＿＿＿＿。

(2) Everyone wants to be happy.

　　＿＿＿＿＿＿＿＿＿＿＿＿＿＿＿＿＿＿＿＿＿＿＿＿なりたいと思っています。

(3) Both of them live in America.

　　＿＿＿＿＿＿＿＿＿＿＿＿＿＿＿＿＿＿＿＿＿＿＿住んでいます。

(4) Mr. Carter sent a card to each of the children.

　　カーターさんは＿＿＿＿＿＿＿＿＿＿＿＿＿＿＿＿＿＿＿＿送りました。

完成問題

>> 解答書 p.18

1 次の各組の英文がほぼ同じ意味になるように，＿＿＿に適当な1語を入れなさい。　□□

(1) We have a lot of rain in June.

＿＿＿＿＿＿ rains a lot in June.

(2) I don't have anything in this box.

I have ＿＿＿＿＿＿ in this box.

(3) I had a good time at the party.

I enjoyed ＿＿＿＿＿＿ at the party.

(4) The bird found some food.

The bird found ＿＿＿＿＿＿ ＿＿＿＿＿＿ eat.

2 （　　）の中の語を並べかえて，日本文の意味を表す文を完成させなさい。　□□

(1) This (nicer / camera / one / that / than / is).

このカメラはあのカメラよりすてきです。

- -

(2) Do (know / you / read / interesting / to / anything)?

あなたは何かおもしろい読み物を知っていますか。

- -

(3) (of / them / some / from / Canada / are).

彼らの何人かはカナダ出身です。

- -

(4) I (other / help / think / each / should / we).

私は私たちはおたがいに助け合うべきだと思います。

- -

3 （　　）の語を使って，日本文にあう英文を書きなさい。　□□

(1) それぞれの生徒が彼に手紙を書きました。　(letter)

- -

(2) きょうはとても寒い。　(very)

- -

18 比較の文 • • • • • • • • • • • • • •

基本文のチェック ▶

1 日本文の意味を表すように，（　　）に適当な1語を入れなさい。

❶ Helen is（　　）（　　）（　　）Yuki.
ヘレンは由紀と**同じ年齢**です。　　　　　　　　　205 ☐☐

❷ This tree is（　　）（　　）tall（　　）that one.
この木はあの木**ほど高くはありません**。　　　　　206 ☐☐

❸ Your room is（　　）（　　）mine.
あなたの部屋は私の**より（もっと）大きい**。　　　207 ☐☐

❹ Ted swims（　　）（　　）（　　）the three.
テッドは3人**の中でいちばん速く**泳ぎます。　　　208 ☐☐

❺ This map is（　　）（　　）（　　）that one.
この地図は**あの地図より（もっと）役に立ち**ます。　209 ☐☐

❻ This is the（　　）（　　）picture（　　）my album.
これは私のアルバム**の中でいちばん美しい**写真です。　210 ☐☐

❼ I feel（　　）today（　　）yesterday.
私はきょうはきのう**より（もっと）気分がいい**。　211 ☐☐

2 日本文の意味を表すように，（　　）に適当な1語を入れなさい。

❶ He is（　　）（　　）the（　　）soccer players.
彼は**最もじょうずなサッカー選手の中の1人**です。　212 ☐☐

❷ （　　）is（　　）, Bob（　　）Fred?
ボブとフレッド**では，どちらのほうが年下**ですか。　213 ☐☐

❸ Mt. Fuji is（　　）than（　　）（　　）mountain in Japan.
富士山は日本の**ほかのどの山よりも高い**。　　　　214 ☐☐

❹ （　　）is（　　）（　　）than love.
愛より大切なものは何もありません。　　　　　　215 ☐☐

❺ It is getting（　　）and（　　）.
だんだん寒くなってきています。　　　　　　　　216 ☐☐

「…と同じくらい〜」「…よりも〜」「いちばん〜」のように物や人を比較して言うときは，〈as ＋形容詞〔副詞〕＋ as …〉や，形容詞や副詞の比較級・最上級を使います。

基本ポイント

1 形容詞と副詞の原級を使った比較表現と，比較級・最上級を使った比較表現がある。

■〈as ＋原級＋ as …〉「…と同じくらい〜」と〈not as ＋原級＋ as …〉「…ほど〜でない」。
後者の場合，〈not so ＋原級＋ as〉も可。

❶ Helen is **as old as** Yuki.

❷ This tree is **not as〔so〕tall as** that one. 〈that one = that tree〉

■〈比較級＋ than …〉「…よりも〜」と〈the ＋最上級＋ in〔of〕…〉「…の中でいちばん〜」
比較級は，形容詞・副詞の語尾に er を，最上級は est をつける。詳しくは p.107参照。

❸ Your room is **larger than** mine. 〈than 〜 は比較の対象を表す〉

❹ Ted swims **the fastest of** the three. 〈of 〜 は比較の範囲を表す。〜 は複数を表す語句〉
＊副詞の最上級につく the は省略されることもある。

■比較的つづりの長い形容詞〔副詞〕は，more, most をつけて比較級・最上級をつくる。

❺ This map is **more useful than** that one. 〈that one = that map〉

❻ This is **the most beautiful** picture **in** my album. 〈in 〜 は比較の範囲を表す〉

■ good, well の比較級・最上級は better, best（不規則変化）。

❼ I feel **better** today **than** yesterday. 〈この better は well の比較級〉

＊like 〜 very much の very much の比較級・最上級にも better, best を使う。

I like history **better** than science.（私は理科より歴史のほうが好きです）

2 比較級や最上級を使ったさまざまな文。

■〈one of the ＋最上級＋複数名詞〉「最も〜な…のうちの１つ〔１人〕」

❶ He is **one of the best** soccer players.

■〈Which〔Who〕… 比較級，A or B?〉「AとBでは，どちらのほうが〜か」

❷ **Who〔Which〕** is **younger**, Bob or Fred? 〈人の場合は who を使うことが多い〉

■比較級を使って最上級的な意味を表すことができる。

❸ Mt. Fuji is **higher than any other** mountain in Japan. 〈比較級＋ than any

other ＋単数名詞〉 （= Mt. Fuji is **the highest** mountain in Japan.）

❹ **Nothing** is **more important than** love. 〈= Love is the most important.〉

■〈比較級＋ and ＋比較級〉「だんだん〜，ますます〜」

❺ It is getting **colder and colder**.

入試アドバイス

比較表現は，書きかえなどの文法問題でよく出題されます。特に，比較級⇔最上級の書きかえ
は要注意です。また，読解問題でも，比較表現が使われているところは設問にされやすく，正
しい理解が必要です。何と何を比較しているかをしっかりつかむことがポイントです。

発展問題

>> 解答書 p.19

1 次の＿＿に（　　）内の語を適する形にかえて入れなさい。2語になる場合もある。　　□□

(1) Makoto is the ＿＿＿＿＿＿ of us all. (old)

(2) Is soccer ＿＿＿＿＿＿ than baseball in your country? (popular)

(3) My mother gets up ＿＿＿＿＿＿ than I. (early)

(4) This book is the ＿＿＿＿＿＿ of the five. (interesting)

(5) The Shinano is the ＿＿＿＿＿＿ river in Japan. (long)

(6) Sam swims ＿＿＿＿＿＿ than Kenny. (well)

(7) This room is the ＿＿＿＿＿＿ in my house. (large)

(8) It is ＿＿＿＿＿＿ today than yesterday. (hot)

2 日本文の意味を表すように，＿＿に適当な1語を入れなさい。　　□□

(1) あなたの自転車は私のより新しい。

Your bike is ＿＿＿＿ ＿＿＿＿ mine.

(2) この馬はあの馬と同じくらい速く走ります。

This horse runs ＿＿＿＿ ＿＿＿＿ ＿＿＿＿ that one.

(3) 数学は私にとって全教科の中でいちばんむずかしい。

Math is ＿＿＿＿ ＿＿＿＿ ＿＿＿＿ of all the subjects for me.

(4) このかばんとあのかばんでは，どちらのほうが重いですか。

＿＿＿＿ is ＿＿＿＿ , this bag ＿＿＿＿ that one?

(5) 東京は世界で最も大きな都市の1つです。

Tokyo is ＿＿＿＿ ＿＿＿＿ the ＿＿＿＿ ＿＿＿＿ in the world.

3 次の英文の日本語訳を完成させなさい。　　□□

(1) Jim is taller than any other boy in his class.

ジムは＿＿＿＿＿＿＿＿＿＿＿＿＿＿＿＿＿＿＿＿＿＿＿＿＿＿＿＿＿背が高い。

(2) What music do you like the best?

あなたは＿＿＿＿＿＿＿＿＿＿＿＿＿＿＿＿＿＿＿＿＿＿＿＿＿。

(3) Our world is getting smaller and smaller.

私たちの世界は＿＿＿＿＿＿＿＿＿＿＿＿＿＿＿＿＿＿＿＿＿＿。

(4) I'm not as busy as my brother.

私は＿＿＿＿＿＿＿＿＿＿＿＿＿＿＿＿＿＿＿＿＿＿＿＿。

完成問題

>> 解答書 p.19

1 次の各組の英文がほぼ同じ意味になるように, ___に適当な1語を入れなさい。 ☐☐

(1) My father is older than Mr. Green.

Mr. Green is _____ _____ my father.

(2) This question is easier than that one.

That question is _____ _____ _____ this one.

(3) Lake Biwa is the largest lake in Japan.

Lake Biwa is _____ _____ any _____ _____ in Japan.

(4) Mary practices tennis harder than Beth.

Beth _____ practice tennis as _____ _____ Mary.

2 (　　)の中の語を並べかえて, 日本文の意味を表す文を完成させなさい。 ☐☐

(1) She is (popular / the / singers / most / of / one) in America.

彼女はアメリカで最も人気のある歌手の1人です。

- -

(2) This bridge (long / one / that / as / is / as).

この橋はあの橋と同じくらいの長さです。

- -

(3) My sister (red / likes / than / better / blue).

私の姉は赤より青のほうが好きです。

- -

(4) Bob (kindest / of / four / the / the / is).

ボブは4人の中でいちばん親切です。

- -

3 (　　)の語を適する形にかえて使って, 日本文にあう英文を書きなさい。 ☐☐

(1) 私のコンピュータはあなたのより小さい。 (small)

- -

(2) 2月はすべての月の中でいちばん短い。 (short)

- -

19 仮定法の文

1 日本文の意味を表すように，（　　　）に適当な1語を入れなさい。

❶ I (　　　) a cat.
私はねこを**飼っていました**。 217 ☐☐

❷ I wish I (　　　) a cat now.
私がいまねこを**飼っていればなあ**。 218 ☐☐

❸ I (　　　) in New York then.
私はその時ニューヨークに**いました**。 219 ☐☐

❹ I wish I (　　　) in New York now.
私がいまニューヨークに**いればなあ**。 220 ☐☐

❺ I wish I (　　　) speak English as well as you.
私があなたと同じくらい英語をじょうずに**話せればなあ**。 221 ☐☐

❻ I wish I (　　　) have to take the exam.
試験を**受けなくてもよければなあ**。 222 ☐☐

2 日本文の意味を表すように，（　　　）に適当な1語を入れなさい。

❶ If it (　　　) sunny tomorrow, we (　　　) play soccer.
もしあす**晴れれば**，私たちは**サッカーをします**。 223 ☐☐

❷ If it (　　　) sunny today, we (　　　) play soccer.
もしきょう**晴れていたら**，私たちは**サッカーをするのに**。 224 ☐☐

❸ If I (　　　) your e-mail address, I (　　　) e-mail you.
もしあなたの電子メールのアドレスを**知っていたら**，あなたにメールを**送るのに**。 225 ☐☐

❹ If we (　　　) a car, we (　　　) go for a drive on weekends.
もし私たちに車が**あったら**，私たちは週末にドライブに**行くことができるのに**。 226 ☐☐

❺ If you (　　　) a lot of money, what (　　　) you (　　　)?
もしあなたにたくさんのお金が**あったら**，何を**買いますか**。 227 ☐☐

❻ If I (　　　) fly like a bird, I (　　　) travel around Japan.
もし私が鳥のように**飛ぶことができたら**，日本中を**旅行するのに**。 228 ☐☐

事実とは異なることや, 実現しないような願望を表す形を仮定法といいます。おもに I wish ～と If ～の２通りの表し方があり, 動詞や助動詞は過去形を使います。

1 〈I wish ＋主語＋動詞の過去形….〉で, 「～なら (いいのに) なあ」 という現在の事実と異なる願望, 実現の可能性のほとんどない願望を表す。

■仮定法では, 動詞は過去形だが過去のことではないので注意。

❶ I **had** a cat. 〈仮定法ではない：過去の事実を表す文〉

❷ I **wish** I **had** a cat now. 〈仮定法：いまねこを飼っていない〉

■ be 動詞はふつう were を使う。

❸ I **was** in New York then. 〈仮定法ではない：過去の事実を表す文〉

❹ I **wish** I **were** in New York now. 〈仮定法：口語では were ではなく was を使うこともある〉

■ I wish のあとには, 動詞の過去形ではなく, 助動詞の過去形を使うこともある。

❺ I **wish** I **could** speak English as well as you. 〈仮定法：can の過去形 could を使う〉

❻ I **wish** I **didn't** have to take the exam. 〈仮定法：do の過去形の did を使う〉

2 〈If ＋主語＋動詞の過去形…, 主語＋助動詞の過去形 (would や could) ＋動詞の原形….〉の形で 「もし～なら―」 という現在の事実とは異なることを表す。would は will, could は can の過去形。

■〈If ＋主語＋ be 動詞の過去形…〉の場合, be 動詞はふつう were を使う。

❶ If it **is** sunny tomorrow, we **will** *play* soccer. 〈仮定法ではない：条件を表す if の文〉

＊if に続く文の be 動詞が現在形 (is) の場合, 現実に起こる可能性がある条件を表す。

❷ If it **were** sunny today, we **would** *play* soccer. 〈仮定法：口語では were ではなく was を使うこともある〉

＊if に続く文の be 動詞が過去形 (were) で, 現在の事実とは異なる仮定を表す。

■一般動詞の場合も同様に〈If ＋主語＋一般動詞の過去形…〉となる。

❸ If I **knew** your e-mail address, I **would** *e-mail* you. 〈know の過去形 knew を使う〉

❹ If we **had** a car, we **could** *go* for a drive on weekends. 〈助動詞は could を使う〉

❺ If you **had** a lot of money, what **would** you *buy*? 〈if ～のあとに疑問文がくることもある〉

■〈If ＋主語＋助動詞の過去形＋動詞の原形…〉のように助動詞の過去形を使うこともある。

❻ If I **could** *fly* like a bird, I **would** *travel* around Japan. 〈could は can の過去形〉

入試アドバイス

動詞・助動詞の形は, 読解や作文のときに注意しなければならない重要項目です。過去形はもともと, 過去のことを表すための形ですが, 現在の事実とは異なることを表すためにも使われます。I wish ～と If ～の表現での動詞・助動詞の形に注意しましょう。

発展問題

>> 解答書 p.20

1 次の英文の（　　）に入る最も適当なものを1つ選びなさい。　　□□

(1) I wish I (　　　) a time machine.

　　ア　have　　　　　イ　having　　　　ウ　had　　　　　エ　has

(2) If I (　　　) you, I'd go there by taxi.

　　ア　were　　　　　イ　am　　　　　ウ　are　　　　　エ　been

(3) I wish I (　　　) speak French.

　　ア　can　　　　　イ　am　　　　　ウ　were　　　　　エ　could

(4) If you had a younger brother, what (　　　) you want to do with him?

　　ア　would　　　　イ　were　　　　ウ　will　　　　　エ　are

2 日本文の意味を表すように，＿＿に適当な1語を入れなさい。　　□□

(1) もし私があなただったら，そんなことをしません。

　　＿＿＿＿＿ ＿＿＿＿＿ ＿＿＿＿＿ you, I ＿＿＿＿＿ do such a thing.

(2) 彼がいつまでも私たちといっしょにいられたらなあ。

　　I ＿＿＿＿＿ ＿＿＿＿＿ ＿＿＿＿＿ be with us forever.

(3) もしこの町にコンサートホールがあったら，私たちは生演奏の音楽を聴くことができるのに。

　　＿＿＿＿＿ there ＿＿＿＿＿ a concert hall in this town, we ＿＿＿＿＿ listen to live music.

(4) 100万円持っていたら，あなたは何をしますか。

　　If you ＿＿＿＿＿ one million yen, what ＿＿＿＿＿ ＿＿＿＿＿ ＿＿＿＿＿?

(5) 私に翼があればなあ。（もし）そうなら飛ぶことができるのに。

　　I ＿＿＿＿＿ I ＿＿＿＿＿ wings. Then I ＿＿＿＿＿ ＿＿＿＿＿.

3 次の英文の日本語訳を完成させなさい。　　□□

(1) I wish today were Sunday.

　　きょうが＿＿＿＿＿＿＿＿＿＿＿＿＿＿＿＿＿＿＿＿＿＿＿＿。

(2) If Tom were here, he would help us.

　　＿＿＿＿＿トムが＿＿＿＿＿，彼は＿＿＿＿＿＿＿＿＿＿＿＿＿＿＿＿。

(3) I wish I had more time to talk with you.

　　私に＿＿＿＿＿＿＿＿＿＿＿＿＿＿＿＿＿＿＿＿＿＿＿＿＿＿＿＿。

(4) If you were the prime minister, what would you do?

　　＿＿＿＿＿あなたが総理大臣＿＿＿＿＿，＿＿＿＿＿＿＿＿＿＿＿＿＿＿。

完成問題

>> 解答書 p.20

1 次の各文を仮定法を使って書きかえたとき, ___に適当な1語を入れなさい。　□□

(1) As I don't have a computer, I can't learn programming.

_____ I _____ a computer, I _____ learn programming.

(2) She doesn't have enough time, so she can't sleep a lot.

_____ she _____ enough time, she _____ sleep a lot.

(3) The library is closed because today is Monday.

_____ today _____ _____ Monday, the library _____ be open.

(4) I don't have a time machine, so I can't go back to the past.

I _____ I _____ a time machine. Then I _____ go back to the past.

2 (　　)の中の語句や符号を並べかえて, 日本文の意味を表す文を完成させなさい。　□□

(1) I (talk / my cat / wish / could / I / with).

自分のねこと話すことができればいいのになあ。

----

(2) If (raining / today / would / weren't / , / it / I) go fishing.

もしきょう雨が降っていなかったら, 釣りに行くのに。

----

(3) (weren't / there / people / wish / I / any / sick) in the world.

世界中で病気の人々がいなければいいのになあ。

----

(4) What (if / you / speak / you / would / could / say / to) the you of five years ago?

もしあなたが5年前のあなたと話すことができたら, 何と言いますか。

----

3 (　　)の語を使って, 日本文にあう英文を書きなさい。　□□

(1) 私が自分の未来を見ることができればなあ。（see）

----

(2) もし私が鳥だったら, あなたのところに飛んで行くことができるのに。（fly）

----

20 注意すべき文（1） ・・・・・・・・・

基本文のチェック ▶

1 日本文の意味を表すように，（　　）に適当な1語を入れなさい。

❶ (　　　) (　　　) that boy?
あの**男の子**はだれですか。　　　　　　　229 ☐☐

❷ Do you know (　　) (　　) (　　) (　　)?
あなたは**あの男の子がだれか**知っていますか。　230 ☐☐

❸ Please tell me (　　) (　　) (　　).
彼女がどこに住んでいるか私に教えてください。　231 ☐☐

❹ I don't know (　　) (　　) (　　) to Hokkaido.
私は**彼がいつ北海道に行ったのか**知りません。　232 ☐☐

❺ Do you know (　　) (　　) (　　) do next?
あなたは，**あなたが次に何をすべきか**知っていますか。　233 ☐☐

❻ (　　) (　　) (　　) (　　) he is from?
あなたは**彼がどこの出身**だと思いますか。　234 ☐☐

❼ Your brother is a doctor, (　　) (　　)?
あなたのお兄さんは医者**ですね**。　235 ☐☐

❽ Judy plays the flute well, (　　) (　　)?
ジュディーはフルートをじょうずに**吹きますね**。　236 ☐☐

❾ You didn't come to school yesterday, (　　) (　　)?
あなたはきのう学校に**来ませんでしたね**。　237 ☐☐

2 日本文の意味を表すように，（　　）に適当な1語を入れなさい。

❶ Tom (　　) (　　) (　　) my room.
トムは私が私の部屋を**そうじするのを手伝って**くれました。　238 ☐☐

❷ Let (　　) (　　) your computer.
あなたのコンピュータを私に**使わせてください**。　239 ☐☐

❸ His mother made (　　) (　　) his homework.
彼の母親は彼に宿題を**させました**。　240 ☐☐

間接疑問は，疑問文がまるごと文の一要素（動詞の目的語など）になったもの。付加疑問は，文末に付け加える疑問形のことです。目的語のあとに動詞の原形がくる文にも注意。

基本ポイント

1 [1] 間接疑問は，しばしば know, tell などの動詞の目的語になる。

■間接疑問では〈疑問詞＋主語＋動詞〉の語順になる。

❶ **Who is that boy?** 〈この文は〈疑問詞＋be 動詞＋主語〉の語順〉

❷ Do you know **who that boy is**? 〈who 以下は〈疑問詞＋主語＋be 動詞〉の語順〉

＊①の疑問詞で始まる疑問文が，②では間接疑問として know の目的語になっている。

❸ Please tell me **where she lives**.

❹ I don't know **when he went to Hokkaido**. 〈間接疑問の時制は過去〉

＊一般動詞の間接疑問でも do, does, did は使わず，〈疑問詞＋主語＋動詞〉の語順になる。

■助動詞のある文の間接疑問は〈疑問詞＋主語＋助動詞＋動詞〉の語順。

❺ Do you know **what you should do next**?

■ do you think「と思いますか」の場合，後ろに〈疑問詞＋主語＋動詞〉がくるのではなく，〈疑問詞＋ do you think ＋主語＋動詞…?〉の形になり，Yes, No で答えない。

❻ **Where** do you think **he is from?**

＊do you think は疑問文の形だが，he is from の部分はふつうの文の語順。

[2] be動詞の文にはbe動詞の付加疑問を，一般動詞の文にはdo〔does, did〕の付加疑問をつける。

■肯定文には否定形の付加疑問をつける。：「〜ですね」「〜しますね」

❼ Your brother *is* a doctor, **isn't he**?

＊be 動詞の場合は，〈be 動詞の否定の短縮形＋代名詞 ?〉の形。付加疑問では代名詞を使う。

❽ Judy *plays* the flute well, **doesn't she**? 〈don't〔doesn't, didn't〕＋代名詞?〉

■否定文には肯定形の付加疑問をつける。：「〜ではないですね」「〜しませんね」

❾ You *didn't* come to school yesterday, **did you**?

2 〈動詞＋人（目的語）〉のあとに名詞や形容詞ではなく動詞の原形がくることがある。

■「人が〜するのを手伝う」と言うときは〈help＋人＋動詞の原形〉で表す。
〈help＋人＋to＋動詞の原形〉のように動詞の原形の前にtoを置いてもよい。

❶ Tom **helped** me *clean* my room.

■「人に〜させる」と言うときは〈let〔make〕＋人＋動詞の原形〉で表す。

❷ **Let** me *use* your computer. 〈（許可して）人に…させる〉

❸ His mother **made** him *do* his homework. 〈（強制的に）人に…させる〉

入試アドバイス

間接疑問は，語の並べかえなどの文法問題でよく出題されます。語順がポイントです。間接疑問はまた，読解の英文中にもよく出てきます。〈疑問詞＋主語＋動詞…〉が名詞の働きをしています。**2**の〈動詞＋人＋動詞の原形〉の文では，代表的な動詞をおさえておきましょう。

発展問題

>> 解答書 p.21

1 次の英文の（　　）に入る最も適当なものを1つ選びなさい。　　　□□

(1) You and Jack are classmates, (　　　)?

　　ア　don't they　　　　イ　don't you　　　　ウ　aren't they　　エ　aren't you

(2) We don't know where (　　　) Taro yesterday.

　　ア　does Ann meet　　イ　did Ann meet　　ウ　Ann met　　　エ　Ann meets

(3) Do you know (　　　) they will arrive? — Yes. They will arrive at three.

　　ア　what　　　　　　イ　when　　　　　　ウ　where　　　　エ　how

(4) Let me (　　　) what time you'll come.

　　ア　know　　　　　　イ　knew　　　　　　ウ　knowing　　　エ　knows

2 日本文の意味を表すように，＿＿に適当な1語を入れなさい。　　　□□

(1) 私はこれが何かわかりません。

　　I don't know ＿＿＿＿ ＿＿＿＿ ＿＿＿＿.

(2) だれがこの手紙を書いたのか私に教えてください。

　　Please tell me ＿＿＿＿ ＿＿＿＿ this letter.

(3) 私はジム (Jim) が車を洗うのを手伝いました。

　　I ＿＿＿＿ ＿＿＿＿ ＿＿＿＿ his car.

(4) 彼女はなぜ毎日そこに行くのか言いません。

　　She doesn't say ＿＿＿＿ ＿＿＿＿ ＿＿＿＿ there every day.

(5) 彼女の部屋が汚いので，彼女の父は彼女にそうじをさせました。

　　Her room was messy, so her father ＿＿＿＿ ＿＿＿＿ ＿＿＿＿ it.

3 次の英文の日本語訳を完成させなさい。　　　□□

(1) He will come with us, won't he?

　　彼は＿＿＿＿＿＿＿＿＿＿＿＿＿＿＿＿＿＿＿＿＿＿＿＿＿＿＿＿＿＿＿＿。

(2) May I ask how old your sister is?

　　＿＿＿＿＿＿＿＿＿＿＿＿＿＿＿＿＿＿＿＿＿＿＿＿＿＿＿＿聞いてもいいですか。

(3) Let's take a walk in the park, shall we?

　　公園を＿＿＿＿＿＿＿＿＿＿＿＿＿＿＿＿＿＿＿＿＿＿＿＿＿＿＿＿＿＿＿。

(4) What do you think I have in my hand?

　　あなたは＿＿＿＿＿＿＿＿＿＿＿＿＿＿＿＿＿＿＿＿＿＿＿＿＿＿＿＿＿＿。

完成問題

1 （　　）内の指示に従って書きかえるとき，＿＿に適当な1語を入れなさい。　　□□

(1) What do you mean? I don't know that. （ほぼ同じ内容の1文に）

I don't know ＿＿＿＿＿ ＿＿＿＿＿ ＿＿＿＿＿.

(2) Tom wants to be a doctor. （付加疑問をつける）

Tom wants to be a doctor, ＿＿＿＿＿ ＿＿＿＿＿?

(3) Mike cooked lunch. I helped him. （ほぼ同じ内容の1文に）

I ＿＿＿＿＿ ＿＿＿＿＿ ＿＿＿＿＿ lunch.

(4) How does she come to school? I want to know that. （ほぼ同じ内容の1文に）

I want to know ＿＿＿＿＿ ＿＿＿＿＿ ＿＿＿＿＿ to school.

2 （　　）の中の語句を並べかえて，日本文の意味を表す文を完成させなさい。　　□□

(1) I (who / don't / is / know / woman / that).

私はあの女の人がだれか知りません。

----

(2) (laugh / always / makes / a lot / everyone / he).

彼はいつもみんなを大笑いさせます。

----

(3) (guess / in / you / can / is / what) this box?

この箱の中に何が入っているか推測できますか。

----

(4) Please (they / me / tell / will / when / leave) Japan.

彼らがいつ日本を出発するか私に教えてください。

----

3 （　　）の語句を使って，日本文にあう英文を書きなさい。　　□□

(1) 私に自己紹介させてください。　（introduce myself）

----

(2) 私は彼がどこに住んでいるのか知りません。　（know）

----

21 注意すべき文(2) • • • • • • • • •

基本文のチェック ▶

1 日本文の意味を表すように, (　　)に適当な1語を入れなさい。

❶ (　　　) English harder.
英語をもっと一生懸命に**勉強しなさい**。
241 ☐☐

❷ (　　　) (　　　) me your textbook.
（どうか）私にあなたの教科書を**貸してください**。
242 ☐☐

❸ (　　　) (　　　) in this river.
この川で**泳いではいけません**。
243 ☐☐

❹ (　　　) (　　　) when you cross this street. — OK, I will.
この通りを横切るときには**気をつけなさい**。— わかりました, そうします。
244 ☐☐

❺ (　　　) (　　　) in the park after breakfast. — That sounds great.
朝食のあとに, 公園を**歩きましょう**。— それはいいですね。
245 ☐☐

❻ (　　　) down this street, (　　　) you'll see the hospital on your left.
この通りを**行きなさい。そうすれば**左側に病院が見えます。
246 ☐☐

❼ (　　　) up at once, (　　　) you'll miss the train.
すぐに**起きなさい。さもないと**電車に乗り遅れますよ。
247 ☐☐

2 日本文の意味を表すように, (　　)に適当な1語を入れなさい。

❶ (　　　) (　　　) pretty bird this is!
これは**なんてきれいな鳥**でしょう。
248 ☐☐

❷ (　　　) (　　　) he is!
彼は**なんて背が高い**のでしょう。
249 ☐☐

❸ We have (　　　) food in the kitchen.
台所には**食べ物がありません**。
250 ☐☐

❹ (　　　) (　　　) knows where he was born.
だれも彼がどこで生まれたか**知りません**。
251 ☐☐

❺ I have (　　　) to do today.
私はきょう, **することがありません**。
252 ☐☐

ここでは, 相手に命令したり依頼したりする文, 喜びや驚きなどの強い感情を表す文, not を使わない否定文など, 注意すべき文について確認をしましょう。

基本ポイント

1 命令文 (命令や指示や依頼を表す文) は, 主語を省略して動詞の原形で始める。

■動詞の原形で文を始めると, 「～しなさい」の意味を表す。please でややていねいになる。

❶ **Study** English harder.

❷ **Please lend** me your textbook. 〈pleaseは文頭か文末に置く〉

■〈Don't ＋動詞の原形….〉で「～してはいけない〔～しないで〕」という禁止の意味を表す。

❸ **Don't swim** in this river.

■be 動詞の命令文は Be で始める。be 動詞の否定の命令文は Don't be ～. となる。

❹ **Be** careful when you cross this street.

■〈Let's ＋動詞の原形….〉で「～しましょう」という勧誘の意味を表す。

❺ **Let's walk** in the park after breakfast.

＊Yes, let's. 「はい, そうしましょう」, That sounds great. 「それはいいね」, No, let's not. 「いいえ, やめましょう」, I'm sorry I can't. 「残念ですが, できません」などと答える。

■〈命令文 , and〔or〕….〉で「～しなさい, そうすれば〔さもないと〕…」の意味を表す。

❻ **Go** down this street, **and** you'll see the hospital on your left. 〈道案内の表現〉

❼ **Get** up at once, **or** you'll miss the train.

2 注意すべき文として, 最後に感嘆文と not を使わない否定文を見ておこう。

■感嘆文には What で始まるものと How で始まるものがあり, 文末には感嘆符 (!) をつける。

〈What (a〔an〕) ＋形容詞＋名詞＋主語＋動詞！〉「―はなんて～な…でしょう」

〈How ＋形容詞〔副詞〕＋主語＋動詞！〉「―はなんて～でしょう」

❶ **What a pretty bird** this is! 〈this is の部分は省略されることがある〉

❷ **How tall** he is! 〈he is の部分は省略されることがある〉

■not を使う否定文以外にも, 副詞 never や〈no ＋名詞〉, no one, nothing などを使って否定の意味を表すことがある。

❸ We have **no food** in the kitchen.

❹ **No one** knows where he was born. 〈no one は単数扱い〉

❺ I have **nothing** to do today.

＊a のつかない few や little も「ほとんどない」という否定的な意味を表す。

入試アドバイス

〈命令文 , and〔or〕….〉は, 書きかえ問題でよく出題されます。「～しなさい, そうすれば〔さもないと〕…」の意味を, 条件を表す if の節「もし～すると〔しないと〕」で表します。or の場合は否定をふくむ条件になるので注意しましょう。両者の区別は読解でも重要です。

発展問題

>> 解答書 p.22

1 次の英文の（　　）に入る最も適当なものを1つ選びなさい。　　　　□□

(1) Please (　　) me your notebook.

ア　show　　　　イ　shows　　　ウ　showing　　　エ　showed

(2) (　　) an interesting story this is!

ア　How　　　　イ　What　　　ウ　Very　　　　エ　Which

(3) Robert, (　　) say such a thing.

ア　isn't　　　　イ　won't　　　ウ　doesn't　　　エ　don't

(4) Have a good sleep, (　　) you may become sick.

ア　and　　　　イ　that　　　ウ　or　　　　エ　but

2 日本文の意味を表すように，＿＿に適当な1語を入れなさい。　　　　□□

(1) 立ちなさい，みなさん。

＿＿＿＿＿ ＿＿＿＿＿ , everyone.

(2) だれもその質問に答えることができませんでした。

＿＿＿＿＿ ＿＿＿＿＿ could answer the question.

(3) 一生懸命に練習しなさい，そうすれば試合に勝つことができるでしょう。

＿＿＿＿＿ hard, ＿＿＿＿＿ you'll be able to win the game.

(4) 夕食後テレビを見ましょう。

＿＿＿＿＿ ＿＿＿＿＿ TV after dinner.

(5) 図書館では静かにしなさい。

＿＿＿＿＿ ＿＿＿＿＿ in the library.

3 次の英文の日本語訳を完成させなさい。　　　　□□

(1) I'll never forget you.

私は＿＿＿＿＿＿＿＿＿＿＿＿＿＿＿＿＿＿＿＿＿＿＿＿＿＿＿＿＿＿＿。

(2) How fast she runs!

彼女は＿＿＿＿＿＿＿＿＿＿＿＿＿＿＿＿＿＿＿＿＿＿＿＿＿＿＿＿＿＿。

(3) Please don't touch the pictures on the wall.

壁の絵＿＿＿＿＿＿＿＿＿＿＿＿＿＿＿＿＿＿＿＿＿＿＿＿＿＿＿＿＿。

(4) Few people knew about the problem.

＿＿＿＿＿＿＿＿＿＿＿＿＿＿＿＿＿＿＿＿＿＿＿＿知りませんでした。

完成問題

>> 解答書 p.22

1 次の各組の英文がほぼ同じ意味になるように, ___に適当な1語を入れなさい。　□□

(1) You mustn't throw away used cans.

_____ _____ away used cans.

(2) If you don't hurry up, you'll be late for school.

Hurry up, _____ you'll be late for school.

(3) Shall we sing this song together?

_____ _____ this song together.

(4) What a big cake this is!

_____ _____ this cake is!

(5) Will you come to my house at two tomorrow?

_____ _____ to my house at two tomorrow.

(6) There isn't anything interesting in this book.

There is _____ _____ in this book.

2 （　　　）の中の語を並べかえて, 日本文の意味を表す文を完成させなさい。　□□

(1) (can / person / a / who / be / think) of others.
他人のことを考えられる人になりなさい。

- -

(2) (have / homes / children / in / some / no) the country.
その国には家のない子どもたちもいます。

- -

(3) (a / what / he / swimmer / is / good)!
彼はなんてじょうずに泳ぐのでしょう。

- -

3 次の日本文にあう英文を, （　　　）内の語数で書きなさい。　□□

(1) （どうか）私に昼食を作ってください。　（5語）

- -

(2) このコンピュータを使わないで。　（4語）

- -

22 長文読解問題 • • • • • • • • • •

基本問題　　　▶

次の野口英世についての英文を読んで，下の問いに答えなさい。

〈香川・改〉

Noguchi Hideyo was born in Fukushima in 1876. When he was a baby, he had a burn all over his left hand. His fingers ①didn't move at (　　　　). His mother was very sad, and his family didn't have enough money for an operation on his hand. Young Noguchi had a really hard time, but he studied the hardest in his class.

His teachers and his friends collected a lot of money for him, and he had an operation when he was sixteen. ②(mother, very, made, his, happy, this), and Noguchi was very impressed with the progress of medical science then. He hoped to be a doctor and studied from morning until night every day. Five years (　③　) he became a doctor. ④Soon, (to, that, study, began, the, think, he) of bacteriology was interesting. He said, "This is something I should do to help people around the world." In those days, it wasn't easy to work in a foreign country. But he went to America and made many important studies of bacteriology. Since then, his studies (　⑤　) a lot of lives in the world.

Noguchi died in Africa in 1928 while he was (　⑥　) the study of yellow fever there.

(注) burn やけど　operation 手術　progress of medical science 医学の進歩
bacteriology 細菌学　Africa アフリカ　yellow fever 黄熱病（死亡率の高い伝染病）

問1　下線部①が「少しも動かなかった」という意味になるように，(　　)に入る適切な語を書きなさい。

＿＿＿＿＿＿＿

問2　下線部②が「このことは彼の母親をとても喜ばせた」という意味になるように，(　　)内の語を正しく並べかえなさい。　＿＿＿＿＿＿＿＿＿＿＿＿

問3　③，⑤，⑥の(　　)に入る適切なものを，次のア～エから1つずつ選びなさい。

③〔　　〕⑤〔　　〕⑥〔　　〕

③　ア　ago　　　　イ　later　　　ウ　before　　　エ　long
⑤　ア　saving　　　イ　to save　　ウ　are saved　　エ　have saved
⑥　ア　going by　　イ　filling up　ウ　working on　エ　turning into

問4　下線部④の(　　)の中の語を正しく並べかえなさい。

＿＿＿＿＿＿＿＿＿＿＿＿＿＿＿＿＿＿＿

NOTE　have a hard time：「苦労する，ひどい目にあう」
be impressed with ～：「～に強い印象を受ける」

　　野口英世は 1876 年に福島で生まれました。彼は赤ちゃんのとき，左手全体にやけどをしました。彼の指はまったく動きませんでした。彼の母親はとても悲しみましたが，家族は彼の手を手術するための十分なお金がありませんでした。幼い野口はとても苦労しましたが，彼のクラスでいちばん一生懸命に勉強しました。

　　彼の先生と友だちは彼のためにたくさんのお金を集め，彼は 16 歳のときに手術を受けました。このことは彼の母親をとても喜ばせ，野口はそのとき医学の進歩にとても感銘を受けました。彼は医者になりたいと願い，毎日朝から晩まで勉強しました。5 年後，彼は医者になりました。まもなく彼は，細菌学の研究はおもしろいと考え始めました。彼は「これが，世界中の人々を助けるために私がするべきことです」と言いました。当時，外国で働くことは簡単ではありませんでした。しかし，彼はアメリカに行って，細菌学の重要な研究をたくさんしました。そのときから，彼の研究は世界のたくさんの命を救ってきました。

　　野口は 1928 年，アフリカで黄熱病の研究に従事しているときに亡くなりました。

解答と解説

問1 　解答　all

「少しも～ない」は not ～ at all で表す。ここは「指がまったく動かなかった」の意味。

問2 　解答　This made his mother very happy

「彼の母親をとても喜ばせた」なので，make A B「A を B（の状態）にする」の文型を使う。

問3 　解答　③ イ　　⑤ エ　　⑥ ウ

③すぐあとの「彼は医者になりました」と自然につながるのは，Five years later「5 年後に」。

⑤ Since then「そのときから」があるので，現在完了の継続用法の文だと考えられる。現在完了は〈have ＋過去分詞〉。「そのときから，彼の研究は…を救ってきました」となる。

⑥「黄熱病の研究に従事していたときに」とする。「～に従事する」は work on ～。

問4 　解答　解答　he began to think that the study

与えられた語の中に to と began があることに着目し，he began to think ～「彼は～と考え始めた」という表現を組み立てる。that は接続詞として使い，that the study of bacteriology was interesting「細菌学の研究はおもしろいということ」を think の目的語にする。

入試アドバイス

長文読解では，しばしば空所に語句を補う問題や，語句の並べかえの問題が出題される。こうした問題は，文法的な力だけで解ける場合もあるが，たいていは文章の流れを理解して答えを出すものなので，設問部分の前後を注意して読み取るようにしよう。

実戦問題

>> 解答書 p.23~24

1 次の英文を読んで，下の問いに答えなさい。 〈香川・改〉

Yumi became captain of the swimming club. One day in July, Mr. Kato, the swimming club adviser, said to her, "Can you make the plan for practicing during the summer vacation after school today? You can do it with the other members."

After school, she had a meeting to talk with the other members. Yumi asked, "When shall we practice in the summer vacation?" Kenta, one of the club members, said, "We don't have to practice together. I can swim (　①　) the other members. So I'll swim when I want to swim." Some other members agreed. Yumi was silent for a while. She thought that practicing together was important, but she could not explain the (　②　). Then she said to Kenta, "Please give me time to think."

Yumi talked with Mr. Kato again. He said, "Why don't you talk with your brother Naoki? He may know what you should do because he was captain of our club."

On the evening of that day, Yumi (　③　) Naoki for his opinion. He said, "When I was a junior high school student, I practiced alone once. At that time, I could not practice very hard. I thought there was something missing. I didn't know what it was then. But the next day, when I was practicing with the members of the club, I got it." Yumi said, "Uh-huh, you needed them to practice hard. Right?" Naoki said with a smile, "That's right. Yumi, ④the point is this. You can work hard when you're with friends who are working hard, especially if you have shared hard times with them." ⑤Yumi (know, very, was, to, to, what, happy) say at the next meeting. She said to Naoki, "I'll tell the members to practice together."

(注) captain 部長　adviser 顧問　alone 一人で　missing 欠けている　especially 特に

問1 ①～③の（　　）に入る適切なものを次のア～エから１つずつ選びなさい。

　　　　　　　　　　　　　　　　　　①〔　　　　〕 ②〔　　　　〕 ③〔　　　　〕
① ア among 　　イ for 　　ウ with 　　エ without
② ア danger 　　イ figure 　　ウ reason 　　エ fiction
③ ア asked 　　イ helped 　　ウ showed 　　エ answered

問2 下線部④に the point is this とあるが，直樹が由美に伝えたいことは何ですか。それを述べた最も適当な１文を直樹が言ったことの中から見つけて，その文の意味を日本語で書きなさい。
　　（　　　　　　　　　　　　　　　　　　　　　　　　　　　　　　　　　　　　）

問3 下線部⑤の（　　）の中の語を正しく並べかえなさい。

_____

2 次の英文を読んで，下の問いに答えなさい。 〈宮城・改〉

One day, at the station, Hitomi saw a man who had a big bag in his hand. ①He was saying something to people in English. But they just said in Japanese, "I can't explain it in English," and walked away.

Hitomi became a little sad. She wanted to help him. So she said, "Excuse me. Are you in trouble?"

"Yes," the man answered. "I want to go to the Aoba Computer Company. Would you tell me the way to the company? Do you know where it is?"

"Oh, it's near my house," answered Hitomi. "Please come with me."

They began to walk to the company. "②(does, take, long, it, how)?" he asked.

"About ten minutes. (③)" Hitomi asked.

"I'm from India."

"What's the purpose of your visit?"

"To make new computer software for the company."

"Wow! You're a computer software engineer. I'm learning how to use a computer at school and I like it. Are there many computer engineers in India?" she asked.

"Yes. The IT industry is very important in my country. Young people in big cities are studying computers very hard. Many good engineers are working in India and in other countries. The Aoba Computer Company wanted me to come to Japan."

"That's great. Please tell me more about your country."

"O.K. Do you know there are eighteen major languages in India?"

"Eighteen major languages?" Hitomi was surprised.

"There are also hundreds of other languages. So we need common languages to talk with each other. English is commonly used. I speak Hindi and English."

"I didn't know English is so useful in India. I'd like to visit your country someday."

"I'm glad (④)," he said.

When they arrived at the company, he said to Hitomi, "You're very kind. Thank you very much."

She smiled and said, "(⑤). Have a nice day."

(注) India インド　software ソフトウェア　engineer エンジニア　IT industry 情報技術産業
major language 主要言語　commonly 広く一般に　Hindi ヒンディー語

問1　下線部①について，その男性は何を知りたくて周りの人々に話しかけていたか，その内容を日本語で書きなさい。　　　　(　　　　　　　　　　　　　　　　　　　　　　　　　　　)

問2　下線部②の(　　)の中の語を正しく並べかえなさい。

_____

問3　③の(　　)に適する英語を書きなさい。

_____

問4　④，⑤の(　　)に入る適切なものを１つずつ選びなさい。　　　④〔　　〕⑤〔　　〕

④　ア　you're interested in my country　　イ　you've visited my country
　　ウ　you can speak Hindi and English

⑤　ア　You learned a lot　　イ　You're welcome　　ウ　You should say that

模擬テスト ①

1 次の英文の（　）の中に入れるのに最も適当なものを，あとのア〜エの中からそれぞれ1つずつ選び，記号で答えなさい。 　　　　　　　　　　　　　　　　（神奈川県）各3点

(1) That house with large windows （　　　） built ten years ago.
　　ア　lives　　　　　　イ　is　　　　　　ウ　was　　　　　　エ　were

(2) Yoshio has two brothers and he is the （　　　） of the three.
　　ア　younger than　イ　youngest　　　ウ　young　　　　　エ　as young

(3) My grandfather sent me a shirt （　　　） in India.
　　ア　make　　　　　　イ　was made　　　ウ　making　　　　エ　made

(4) We can get new ideas by （　　　） with a lot of people.
　　ア　talking　　　　　イ　talked　　　　ウ　have talked　　エ　to talk

(1)〔　　　〕 (2)〔　　　〕 (3)〔　　　〕 (4)〔　　　〕

2 次の各組の英文がほぼ同じ内容を表すように，（　　　）に入る適当な1語を書きなさい。
　　　　　　　　　　　　　　　　　　　　　　　　　（久留米大学附設高等学校・改）各3点

(1) We arrived at the baseball park in an hour.
　　It （　　　） （　　　） an hour to （　　　） to the baseball park.

　　　　　　　　　　　　　　　　　　　　　　　＿＿＿＿　＿＿＿＿　＿＿＿＿

(2) We heard the news of their marriage and it surprised us.　　（注）marriage 結婚
　　We were （　　　） （　　　） （　　　） the news of their marriage.

　　　　　　　　　　　　　　　　　　　　　　　＿＿＿＿　＿＿＿＿　＿＿＿＿

(3) It is over a decade since I began to teach at this school.　　（注）decade 10年間
　　I （　　　） （　　　） a teacher at this school （　　　） more than a decade.

　　　　　　　　　　　　　　　　　　　　　　　＿＿＿＿　＿＿＿＿　＿＿＿＿

(4) You must work harder if you want to succeed in the entrance exam.
　　（　　　） （　　　）, （　　　） you will pass the entrance exam.

　　　　　　　　　　　　　　　　　　　　　　　＿＿＿＿　＿＿＿＿　＿＿＿＿

3 次の英文中の （1） から （6） に入る最も適当なものを，あとのア，イ，ウ，エから1つずつ選び記号で答えなさい。 　　　　　　　　　　　　　　（栃木県）各3点

　　My dream （1） to work at a zoo because I like animals. I think pandas are the （2） of all animals in the world. We can （3） them at Ueno Zoo in Japan, but in China, there are many pandas. Someday I want to go there to （4） time with them and learn about pandas. However, I have never （5） to China. So I will study

Chinese 　(6)　 this summer vacation.

(1) ア am 　　イ is 　　ウ are 　　エ were
(2) ア cute 　　イ as cute as 　　ウ cuter than 　　エ cutest
(3) ア see 　　イ saw 　　ウ seen 　　エ seeing
(4) ア leave 　　イ save 　　ウ spend 　　エ watch
(5) ア be 　　イ to be 　　ウ been 　　エ being
(6) ア during 　　イ while 　　ウ since 　　エ between

(1) 〔　　〕 (2) 〔　　〕 (3) 〔　　〕 (4) 〔　　〕 (5) 〔　　〕 (6) 〔　　〕

4 次の各会話文の (　　) に入る最も適当なものをあとの語群から1つずつ選び，適切な形に変えて書きなさい。ただし，語群の単語はそれぞれ1度しか使いません。 (沖縄県) 各3点

(1) A : Excuse me. I'm looking for a book. Its name is "History of Okinawan Food."
　　B : Wait a minute ... Well, someone (　　) the book yesterday.
　　A : OK. Thank you.
(2) A : Oh, you are not late for the soccer practice today!
　　B : I tried to get up 30 minutes (　　) than usual today.
　　A : Good! Let's begin the practice!
(3) A : What are you doing, Dad?
　　B : Look at this baby (　　) milk in this picture.
　　A : Oh! That's me. So cute!
(4) A : Where did you go today?
　　B : I went shopping and watched a movie.
　　A : I see. But have you (　　) your homework?
【語群 : early　come　hard　borrow　do　drink】

(1) 〔　　〕 (2) 〔　　〕 (3) 〔　　〕 (4) 〔　　〕

5 次の(1)〜(5)のそれぞれの対話文を完成させなさい。(1), (2)については (　　) の中の語を最も適当な形にして書きなさい。また，(3)〜(5)については，それぞれの (　　) の中のア〜オを正しい語順に並べかえ，その順序を記号で答えなさい。 (千葉県) 各3点

(1) A : Have you ever (sing) an English song?
　　B : Yes, I have.
(2) A : What is the name of the (twelve) month of the year in English?
　　B : It's December.
(3) A : Andy is late. What should we do?
　　B : We (ア. wait　イ. to　ウ. have　エ. for　オ. don't) him. Don't worry. He'll catch the next train.

(4) A : How about this bag? It has a nice color.

   B : It looks good, but it is (ア. than イ. expensive ウ. one エ. more オ. that).

(5) A : Could you tell (ア. is イ. me ウ. museum エ. the オ. where)?

   B : Sorry, I can't help you because I don't live around here.

   (1) 〔   〕 (2) 〔   〕   (3) (   )→(   )→(   )→(   )→(   )

   (4) (   )→(   )→(   )→(   )→(   )   (5) (   )→(   )→(   )→(   )→(   )

6 あなたは日頃, 思いついたことを英語で書き記すことにしています。過去に書いたものをあらためて読み返したところ, 語法・文法上の誤りが見つかりました。その誤っている部分をそれぞれ下線部ア〜エから1か所ずつ選び, 正しく直しなさい。

【例】She ア likes イ an apple.　　［解答例］

記号	正しい語句
イ	apples

(1) I'm very ア happy with my English class. One of イ the good things ウ are learning about the people and エ cultures of foreign countries.

記号	正しい語句

(2) ア Most of my friends like soccer better than baseball, but I prefer baseball. I like イ not only playing it, but also watching games at a stadium. ウ Last Sunday I was エ very exciting when I was watching a game between the Marines and the Lions.

記号	正しい語句

(3) I usually walk ア to school, but this week I イ am taking the bus. ウ It is very cold since last week. I don't want to walk エ in this cold weather.

記号	正しい語句

(4) Toshi ア was chosen イ as a member of our relay team for our sports day. We knew that he was ウ the fastest runner エ in our thirty-nine classmates.

記号	正しい語句

7 次のメール文を読んで，あとの問いに答えなさい。

（香川県・改）

Hi, Bob! I enjoy ① (exchange) e-mail with you because you always tell me something new in your e-mail. English is not so easy for me, but writing e-mail (②) my English better and better. Recently I began reading easy short stories written in English. ③(fun, to, of, a, it's, lot) read English.

By the way, you will be fifteen years old next week. Happy Birthday! I bought a birthday present for you yesterday and I'm going to send it soon. It's a comic book a Japanese cartoonist wrote. But you don't (④) worry about the language, because the comic book is written in English.

The cartoonist is Tezuka Osamu. I'm a big fan of his comics. People call him "the God of Comics." He drew about 150,000 pages in his life and got many prizes. He died in 1989, but his books are still loved by many people. Mr. Tezuka said, "⑤(everything, has, life, love, that)." I think this is a very important idea for all of us. What do you think? Please tell me your (⑥) about his idea.

Takeshi

(注) cartoonist 漫画家　Tezuka Osamu 手塚治虫(日本を代表する漫画家)　God 神

問1　①の (　　) 内の語を適する形に書きかえなさい。 〔3点〕

_____

問2　②④⑥の (　　) に入る適切なものを1つずつ選び，記号で答えなさい。 〔各3点〕

② ア gives　イ is　ウ makes　エ takes
④ ア decide to　イ have to　ウ try to　エ want to
⑥ ア opinion　イ peace　ウ right　エ attention

②〔　　〕④〔　　〕⑥〔　　〕

問3　下線部③の (　　) の中の語を並べかえなさい。 〔4点〕

- -

問4　下線部⑤が，「いのちをもっているものすべてを愛しなさい」という意味になるように，(　　) 内の語を正しく並べかえなさい。 〔3点〕

- -

高校入試基礎問題

模擬テスト ❷

学習日 ≫　　月　　日（　曜日　）

得点 ≫　　　　　　　点

---

1 中学生の Hiroshi が学校新聞に英語で次の【記事】を書きました。これを読んで，英文の意味が通るように，（　）に入る最も適当なものを下の〔　〕内から１つずつ選んで書きなさい。また，| A |には，この【記事】全体の適切な見出しとなるように，【記事】の中から連続した４語の単語を抜き出して，書きなさい。　　　　　　　　　　　　　　　　　　　（群馬県）各3点

【記事】

| **Find your own** | A | **!** |

　Last week, I talked to our English teachers and asked them about learning English. How did they learn English?

Mr. Suzuki

I learned many good *expressions in movies（　ア　）watching them again and again. If you like movies, watching them in English is a very good way.

I was in the English *drama club when I was a student. In the club, I learned（　イ　）to show my *feelings in English.

Ms. Mori

Ms. Yamada

Talking with friends from other countries was a wonderful way for me. I learned both English（　ウ　）things about their countries.

　Each teacher has his or her own way of learning English. I（　エ　）that we can find our own ways, too!

(注) expression 表現　　drama 演劇　　feelings 感情

〔 also　and　by　hope　how　of　want　what 〕

ア〔　　　　　　〕イ〔　　　　　　　〕ウ〔　　　　　　〕エ〔　　　　　　〕

A〔　　　　　　　　　　　　　　〕

---

2 次の英文の（　）の中に入れるのに最も適当なものを，あとのア～エの中からそれぞれ１つずつ選び，記号で答えなさい。　　　　　　　　　　　　　　　　　　　　　　（神奈川県）各3点

(1) Whose pencils are（　　　　）?

　ア　that　　　　イ　those　　　　ウ　them　　　　エ　yours

(2) Can Mt. Fuji（　　　　）from your classroom?

　ア　see　　　　イ　seen　　　　ウ　be seen　　　　エ　be seeing

(3) Mr. Suzuki (　　) us to bring lunch this week.
　　ア　told　　　　イ　said　　　　ウ　spoke　　　　エ　talked
(4) This is a camera (　　) is popular in Japan.
　　ア　what　　　　イ　it　　　　ウ　who　　　　エ　which

(1)〔　　　〕(2)〔　　　〕(3)〔　　　〕(4)〔　　　〕

3 次の英文の (　　) にそれぞれ適当な1語を入れ，下線部を問う疑問文を作りなさい。

(関西学院高等部) 各4点

(1) (　　) (　　) (　　) at the opening ceremony tomorrow?
　　→ Mr. Tanaka will speak at the ceremony.
(2) (　　) (　　) (　　) (　　) to this place?
　　→ He came here by train.
(3) (　　) (　　) (　　) like better, tea or coffee?
　　→ I like coffee better than tea.
(4) (　　) (　　) (　　) (　　) she studied English?
　　→ She has studied English for four hours.
(5) (　　) (　　) (　　) (　　) to the library yesterday?
　　→ I went there because I wanted to find a book to read.

(1) ＿＿＿＿ ＿＿＿＿ ＿＿＿＿　　　　(2) ＿＿＿＿ ＿＿＿＿ ＿＿＿＿ ＿＿＿＿

(3) ＿＿＿＿ ＿＿＿＿ ＿＿＿＿　　　　(4) ＿＿＿＿ ＿＿＿＿ ＿＿＿＿ ＿＿＿＿

(5) ＿＿＿＿ ＿＿＿＿ ＿＿＿＿ ＿＿＿＿

4 次の各会話文の (　　) に入る最も適当なものをあとの語群から1つずつ選び，適切な形に変えて書きなさい。ただし，語群の単語はそれぞれ1度しか使いません。また，1語のみ書きなさい。

(沖縄県) 各3点

(1) A : I want to go to the U.S.
　　B : My father has (　　) to New York once.
　　A : Oh, really? I want to ask him about his trip.
(2) A : Look at this picture. What do you think about it?
　　B : It's amazing!
　　A : This is the picture (　　) by my older brother.
(3) A : Who (　　) to play tennis this afternoon?
　　B : Sam, Wendy and me!
　　A : OK. Don't forget your racket. See you later.

(4) A : Hi, this is Miki speaking. Are you all OK? I heard a big typhoon is coming to Okinawa.

　　B : Yes. It's raining hard now and the wind is getting stronger.

　　A : Don't go outside. The reporter said it would be the (　　　) typhoon in seven years.

【語群 : want　feel　be　bad　take　cold】

(1)〔　　　　　　〕(2)〔　　　　　　〕(3)〔　　　　　　〕(4)〔　　　　　　〕

5 (　　) の中の語句や符号を並べかえて，日本文の意味を表す文を完成させなさい。　　各4点

(1) (long / he / with / talking / how / been / has) Meg?
どのくらい彼はメグと話し続けているのですか。

----

(2) I (bag / him / heavy / upstairs / his / carry / helped).
私は彼が重いかばんを2階へ運ぶのを手伝いました。

----

(3) (social media account / , / knew / her / I / I / if / would) contact her.
もし私が彼女のSNSアカウントを知っていれば，彼女に連絡するのに。

----

(4) I'm (that / makes / found / glad / who / you / someone) you happy.
あなたを幸せにしてくれる人が見つかって私はうれしい。

----

(5) She (her / let / to / go / daughter) sleep over with her friends.
彼女は娘を友だちとのお泊まり会に行かせました。　　(注) sleep over (子どもが) 人の家に泊まる

----

6 次は，中学生の Mikiko が書いた英文です。これを読んで，あとの問いに答えなさい。* 印のついている語句には，本文のあとに (注) があります。　　(埼玉県)

Last May, I went to my grandfather's house with my friend, Carol. There, my grandfather (to / us /grow / showed / how) rice. Carol, my grandfather and I went to the *rice field in the morning. ☐A☐ There was only water in the small rice field. My grandfather said, "Today we're going to *plant some young *rice plants. Carol, will you join us?" Carol was surprised. "Well, it may be difficult for me," she said. "It's simple. I'll show you," he answered. Carol said, "OK, I'll do my best!" B We began to plant the rice plants. I thought Carol was having a hard time, so I asked her, "Are you OK? Do you want to take a *break?" ①Carol said, "I'm a little (   ), but I'm OK. Growing rice is hard work!"

Around noon, we had lunch by the rice field. My grandfather made us rice balls for lunch. C We learned that work in the rice field was very hard, but we had a good time.

One day in fall, my grandfather sent me a bag of rice. *As soon as I got it, I called him on the phone. ②He said, "Thank you for (help) me. Share the rice with Carol, please."

The next day, I took some of the rice to Carol. She said, "Is this the rice we planted with your grandfather? Wow! I'd like to go with you again next year!"

(注) rice field 田んぼ   plant〜 〜を植える   rice plant 稲   break 休憩
　　　as soon as〜 〜するとすぐに

問1 （　　）内のすべての語を正しい順序に並べかえて書きなさい。　　　　　　　　　　[4点]

- -

問2 本文中の A 〜 C のいずれかに, The rice was better than the rice I usually ate! という1文を補います。どこに補うのが最も適切ですか。 A 〜 C の中から1つ選び, 記号で答えなさい。　　　　　　　　　　[4点]

〔　　　　〕

問3 下線部①について, （　　）に入る最も適当なものを, 次のア〜エの中から1つ選び, 記号で答えなさい。　　　　　　　　　　[3点]

ア tired　　　　イ fine　　　　ウ useful　　　　エ famous　　〔　　　　〕

問4 下線部②について, (help) を適切な形にして, 書きなさい。　　　　　　　　　　[3点]

〔　　　　〕

問5 本文の内容に関する次の質問の答えとなるように, （　　）に適切な英語を書きなさい。　[4点]

Question: What did Mikiko's grandfather ask Mikiko to do on the phone?

Answer:　He asked her (   ).

問6 本文の内容と合うものを, 次のア〜エの中から1つ選び, 記号で答えなさい。　　　　[3点]

ア Mikiko's grandfather visited Mikiko and Carol to plant some young rice plants.

イ Mikiko's grandfather came to see Mikiko and Carol and gave them a bag of rice.

ウ Mikiko and Carol ate rice balls that her grandfather made.

エ Mikiko and Carol learned that growing rice was easy.

〔　　　　〕

付　　録

代名詞の変化

 Check! 次の代名詞の変化表を読みながら，①～⑮の（　）に入る語を書きなさい。

数	人称	～は	～の	～を, ～に	～のもの	～自身
単数	1人称	I	①（　　　）	me	②（　　　）	myself
	2人称	you	your	③（　　　）	yours	④（　　　）
	3人称	⑤（　　　）	⑥（　　　）	him	his	himself
		she	her	⑦（　　　）	⑧（　　　）	herself
		it	⑨（　　　）	it	―	itself
複数	1人称	⑩（　　　）	our	⑪（　　　）	ours	ourselves
	2人称	you	⑫（　　　）	you	⑬（　　　）	yourselves
	3人称	they	their	⑭（　　　）	theirs	⑮（　　　）

名詞の複数形

 Check! 次の英文の（　）の中の名詞を適当な形に変えなさい。

① Mr. Brown has two (car).　　　　　　　　　　　　　_____
ブラウンさんは車を2台持っています。

② There are five (box) on the table.　　　　　　　　_____
テーブルの上に5個の箱があります。

③ I want to visit many (country) in the future.　　_____
私は将来，たくさんの国を訪れたいです。

④ Some (man) were playing soccer in the park.　　_____
何人かの男の人が公園でサッカーをしていました。

名詞の複数形の作り方（規則変化するもの）

語尾	(e)s のつけ方	例
下記以外	+ s	bag ⇒ bag**s**
s, ss, x, ch, sh	+ es	bus ⇒ bus**es**
〈子音字＋y〉	y を i にかえて + es	library ⇒ librar**ies**
f または fe	f(e) ⇒ ves	knife ⇒ kni**ves**

不規則変化をする名詞

child ⇒ children
foot ⇒ feet
tooth ⇒ teeth
man ⇒ men
woman ⇒ women
fish ⇒ fish（単複同形）
people（常に複数扱い）

▶語尾が o の名詞の中にも es をつけるものがある。potato ⇒ potato**es**

【代名詞の変化】　①my　②mine　③you　④yourself　⑤he　⑥his　⑦her　⑧hers　⑨its　⑩we
　⑪us　⑫your　⑬yours　⑭them　⑮themselves
【名詞の複数形】　①cars　②boxes　③countries　④men

✎ **Check!** 日本文の意味を表すように，（　　　）の中の動詞を適当な形に変えなさい。

① He (speak) Japanese very well.　　　　　　　　　　　_____

　彼は日本語をとてもじょうずに話します。

② My sister usually (wash) the dishes after dinner.　_____

　私の妹は通常，夕食後に食器を洗います。

③ Makoto (study) English every day.　　　　　　　　_____

　真は毎日英語を勉強します。

④ Our school (have) a large library.　　　　　　　　　_____

　私たちの学校には大きな図書館があります。

３人称単数現在形の作り方

語尾	(e)s のつけ方	例
下記以外	＋ s	like ⇒ like**s**, play ⇒ play**s**
s, ss, sh, ch, o, x で終わる	＋ es	watch ⇒ watch**es**, pass ⇒ pass**es**
〈子音字＋y〉	y を i にかえて ＋ es	study ⇒ stud**ies**, try ⇒ tr**ies**

▶ have は不規則な変化をし，has となる。

✎ **Check!** 日本文の意味を表すように，（　　　）の中の動詞を適当な形に変えなさい。

① John and Yumi are (play) tennis in the park.　　　_____

　ジョンと由美は，公園でテニスをしています。

② My father is (use) his computer now.　　　　　　　_____

　私の父はいま，コンピュータを使っています。

③ The boys are (swim) in the pool.　　　　　　　　　_____

　男の子たちはプールで泳いでいます。

ing 形の作り方

語尾	ing のつけ方	例
下記以外	＋ ing	cook ⇒ cook**ing**, read ⇒ read**ing**
発音しない e で終わる	e をとって ＋ ing	come ⇒ com**ing**, ride ⇒ rid**ing**
〈短母音＋子音字〉	子音字を重ねて ＋ ing	swim ⇒ swim**ming**, stop ⇒ stop**ping**

【一般動詞の３人称単数現在形】　① speaks　② washes　③ studies　④ has

【一般動詞の ing 形】　① playing　② using　③ swimming

be 動詞の過去形

✎ **Check!** 日本文の意味を表すように，（　　　）の中の動詞を適当な形に変えなさい。

① I (am) in Okinawa three days ago.　　　　　　　　　　　　＿＿＿＿＿＿＿

私は3日前，沖縄にいました。

② Lisa (is) making a cake at the time.　　　　　　　　　　　＿＿＿＿＿＿＿

リサはそのときケーキを作っていました。

③ There (are) many students in the gym.　　　　　　　　　＿＿＿＿＿＿＿

体育館にはたくさんの生徒がいました。

be 動詞の変化

主語	現在形	過去形
I	am	**was**
you，複数	are	**were**
3人称単数	is	**was**

一般動詞の過去形（規則動詞）

✎ **Check!** 日本文の意味を表すように，（　　　）の中の動詞を適当な形に変えなさい。

① She (look) at him with a smile.　　　　　　　　　　　　　＿＿＿＿＿＿＿

彼女はほほえみながら彼を見ました。

② I (live) in Nara when I was a child.　　　　　　　　　　　＿＿＿＿＿＿＿

私は子どものころ，奈良に住んでいました。

③ He (try) to find the bag.　　　　　　　　　　　　　　　　＿＿＿＿＿＿＿

彼はそのかばんを見つけようとしました。

④ The car (stop) in front of my house.　　　　　　　　　　＿＿＿＿＿＿＿

その車は私の家の前でとまりました。

規則動詞の過去形の作り方

語尾	(e)d のつけ方	例
下記以外	+ ed	walk ⇒ walk**ed**
発音しない e	+ d	like ⇒ like**d**
〈子音字 + y〉	y を i にかえて + ed	cry ⇒ cr**ied**
〈短母音 + 子音字〉	子音字を重ねて + ed	drop ⇒ drop**ped**

(e)d の発音

発音	例
[d]	lov<u>ed</u>, play<u>ed</u>
[t]	cook<u>ed</u>, hop<u>ed</u>
[id]	want<u>ed</u>, visit<u>ed</u>

▶ 規則動詞の過去分詞は過去形と同形。

【be 動詞の過去形】　① was　② was　③ were

【一般動詞の過去形（規則動詞）】　① looked　② lived　③ tried　④ stopped

✎ Check! 次の不規則動詞活用表を読みながら，①〜㉖の（　　）に入る語を書きなさい。

原形	現在形	過去形	過去分詞
be「〜である，〜にいる」	am/is/are	was/were	①（　　　　　）
become「〜になる」	become(s)	②（　　　　　）	become
begin「始める」	begin(s)	began	③（　　　　　）
break「こわす」	break(s)	broke	④（　　　　　）
bring「持ってくる」	bring(s)	⑤（　　　　　）	brought
build「建てる」	build(s)	⑥（　　　　　）	built
buy「買う」	buy(s)	⑦（　　　　　）	bought
catch「つかまえる」	catch(es)	caught	⑧（　　　　　）
come「来る」	come(s)	came	⑨（　　　　　）
cut「切る」	cut(s)	⑩（　　　　　）	cut
do「する」	do, does	did	⑪（　　　　　）
drink「飲む」	drink(s)	⑫（　　　　　）	drunk
eat「食べる」	eat(s)	⑬（　　　　　）	eaten
fall「落ちる」	fall(s)	fell	⑭（　　　　　）
feel「感じる」	feel(s)	⑮（　　　　　）	felt
find「見つける」	find(s)	found	⑯（　　　　　）
fly「飛ぶ」	fly, flies	⑰（　　　　　）	flown
get「得る」	get(s)	⑱（　　　　　）	got, gotten
give「与える」	give(s)	gave	⑲（　　　　　）
go「行く」	go(es)	⑳（　　　　　）	gone
have「持っている」	have, has	had	㉑（　　　　　）
hear「聞く」	hear(s)	㉒（　　　　　）	heard
hit「当たる」	hit(s)	㉓（　　　　　）	hit
hold「持つ」	hold(s)	㉔（　　　　　）	held
keep「保つ」	keep(s)	㉕（　　　　　）	kept
know「知っている」	know(s)	knew	㉖（　　　　　）

【不規則動詞の活用①】　①been　②became　③begun　④broken　⑤brought　⑥built　⑦bought
⑧caught　⑨come　⑩cut　⑪done　⑫drank　⑬ate　⑭fallen　⑮felt　⑯found　⑰flew
⑱got　⑲given　⑳went　㉑had　㉒heard　㉓hit　㉔held　㉕kept　㉖known

不規則動詞の活用②

Check! 次の不規則動詞活用表を読みながら，㉗～(52)の（　　）に入る語を書きなさい。

原形	現在形	過去形	過去分詞
leave「出発する」	leave(s)	left	㉗（　　　）
lose「失う」	lose(s)	㉘（　　　）	lost
make「作る」	make(s)	made	㉙（　　　）
mean「意味する」	mean(s)	㉚（　　　）	meant
meet「会う」	meet(s)	met	㉛（　　　）
put「置く」	put(s)	㉜（　　　）	put
read「読む」	read(s)	㉝（　　　）	read
ride「乗る」	ride(s)	㉞（　　　）	ridden
run「走る」	run(s)	㉟（　　　）	run
say「言う」	say(s)	㊱（　　　）	said
see「見る」	see(s)	saw	㊲（　　　）
sell「売る」	sell(s)	㊳（　　　）	sold
send「送る」	send(s)	sent	㊴（　　　）
sing「歌う」	sing(s)	㊵（　　　）	sung
sit「すわる」	sit(s)	sat	㊶（　　　）
sleep「眠る」	sleep(s)	㊷（　　　）	slept
speak「話す」	speak(s)	spoke	㊸（　　　）
spend「過ごす」	spend(s)	㊹（　　　）	spent
stand「立つ」	stand(s)	㊺（　　　）	stood
swim「泳ぐ」	swim(s)	㊻（　　　）	swum
take「持っていく」	take(s)	took	㊼（　　　）
teach「教える」	teach(es)	㊽（　　　）	taught
tell「話す，教える」	tell(s)	㊾（　　　）	told
think「思う」	think(s)	thought	㊿（　　　）
win「勝つ」	win(s)	(51)（　　　）	won
write「書く」	write(s)	wrote	(52)（　　　）

【不規則動詞の活用②】 ㉗ left ㉘ lost ㉙ made ㉚ meant ㉛ met ㉜ put ㉝ read ㉞ rode ㉟ ran ㊱ said ㊲ seen ㊳ sold ㊴ sent ㊵ sang ㊶ sat ㊷ slept ㊸ spoken ㊹ spent ㊺ stood ㊻ swam ㊼ taken ㊽ taught ㊾ told ㊿ thought (51) won (52) written

形容詞・副詞の比較変化

✎ **Check!**　次の英文の（　　）の中の語を適当な形に変えなさい。2語になってもよい。

① Tom is (tall) than John.　　　　　　　　　　　　＿＿＿＿＿＿＿

　トムはジョンよりも背が高い。

② China is much (large) than Japan.　　　　　　　＿＿＿＿＿＿＿

　中国は日本よりもずっと大きい。

③ The test was (easy) than I thought.　　　　　　＿＿＿＿＿＿＿

　そのテストは私が思ったよりもかんたんでした。

④ Math is (difficult) for me than English.　　　　＿＿＿＿＿＿＿

　私にとって数学は英語よりもむずかしい。

⑤ She can play the piano (well) than I.　　　　　　＿＿＿＿＿＿＿

　彼女は私よりもじょうずにピアノをひくことができます。

⑥ Bob runs the (fast) of the three.　　　　　　　　＿＿＿＿＿＿＿

　ボブは3人の中でいちばん速く走ります（＝いちばん走るのが速い）。

⑦ That was the (happy) day in my life.　　　　　　＿＿＿＿＿＿＿

　それは私の人生でいちばん幸福な日でした。

⑧ This is one of the (sad) movies in the world.　　＿＿＿＿＿＿＿

　これは世界で最も悲しい映画の1つです。

⑨ She is the (popular) singer in Japan.　　　　　　＿＿＿＿＿＿＿

　彼女は日本でいちばん人気のある歌手です。

⑩ He is the (good) soccer player in our school.　　＿＿＿＿＿＿＿

　彼は私たちの学校で最高のサッカー選手です。

比較級・最上級の作り方

語尾	(e)r・(e)st のつけ方	例
下記以外	原級＋er・原級＋est	long － long**er** － long**est**
発音しない e	原級＋r・原級＋st	nice － nice**r** － nice**st**
〈子音字＋y〉	y を i にかえて＋er・＋est	early － earl**ier** － earl**iest**
〈短母音＋子音字〉	子音字を重ねて＋er・＋est	big － big**ger** － big**gest**

▶比較的つづりの長い語は，前に more・most をつける。

▶不規則に変化するもの：good, well － better － best ／ bad － worse － worst

　　　　　　　　　　 many, much － more － most ／ little － less － least

▶最上級の前にはふつう the がつく。

【形容詞・副詞の比較変化】　① taller　② larger　③ easier　④ more difficult　⑤ better　⑥ fastest
　　　　⑦ happiest　⑧ saddest　⑨ most popular　⑩ best

重要前置詞

〈時を表す前置詞〉

① I get up (　　　) seven.
私は7時に起きます。

② He runs (　　　) breakfast.
彼は朝食の前に走ります。

③ We swim (　　　) summer.
私たちは夏に泳ぎます。

④ She stayed here (　　　) a month.
彼女は1か月の間，ここに滞在しました。

⑤ He'll leave Japan (　　　) March 7.
彼は3月7日に日本を発つ予定です。

⑥ I have lived here (　　　) 2001.
私は2001年からここに住んでいます。

〈場所を表す前置詞〉

⑦ Sally is (　　　) Kyoto now.
サリーはいま京都にいます。

⑧ Do you live (　　　) the park?
あなたは公園の近くに住んでいますか。

⑨ My cat is (　　　) the chair.
私のねこはいすの下にいます。

⑩ I'm (　　　) the bus stop.
私はバス停にいます。

⑪ The racket (　　　) the desk is mine.
机の上のラケットは私のものです。

⑫ The boy (　　　) the door is Kenny.
ドアのそばの男の子はケニーです。

〈その他の前置詞〉

⑬ I want to play tennis (　　　) you.
私はあなたとテニスをしたいです。

⑭ This is a letter (　　　) you.
これはあなたへの手紙です。

⑮ This is a book (　　　) birds.
これは鳥に関する本です。

⑯ Let's talk (　　　) English.
英語で話しましょう。

⑰ I'm a member (　　　) this team.
私はこのチームの一員です。

⑱ He was kind (　　　) everyone.
彼はだれに対しても親切でした。

⑲ They went there (　　　) train.
彼らは電車でそこに行きました。

⑳ Mr. Hill is (　　　) Canada.
ヒルさんはカナダ出身です。

㉑ We can't live (　　　) water.
私たちは水なしでは生きられません。

㉒ Look at the girl (　　　) long hair.
長い髪をした女の子を見なさい。

㉓ We swam (　　　) the river.
私たちはその川を泳いで渡りました。

㉔ The boy came in (　　　) the window.
その少年は窓を通って入ってきました。

㉕ I stayed there (　　　) the summer.
私は夏の間ずっとそこに滞在しました。

㉖ The game is popular (　　　) children.
そのゲームは子どもたちの間で人気があります。

【重要前置詞】 ① at ② before ③ in ④ for ⑤ on ⑥ since ⑦ in ⑧ near ⑨ under ⑩ at ⑪ on ⑫ by ⑬ with ⑭ for ⑮ about〔on〕 ⑯ in ⑰ of ⑱ to ⑲ by ⑳ from ㉑ without ㉒ with ㉓ across ㉔ through ㉕ during ㉖ among

✏️ **Check!** 日本文の意味を表すように，（　　）に適当な1語を入れなさい。

① Don't (　　　　) (　　　　) me like that.
そんなふうに私を見ないで。〈〜を見る〉

② She likes to (　　　　) (　　　　) music.
彼女は音楽を聴くのが好きです。〈〜を聴く〉

③ Please (　　　　) (　　　　) me at the station.
駅で私を待っていてください。〈〜を待つ〉

④ Please (　　　　) (　　　　), everyone.
みなさん，立ち上がってください。〈立ち上がる〉

⑤ (　　　　) (　　　　), please.
どうぞ，おすわりください。〈すわる〉

⑥ What time do you (　　　　) (　　　　) every morning?
あなたは毎朝，何時に起きますか。〈起きる〉

⑦ Tom (　　　　) (　　　　) (　　　　) at ten last night.
トムは昨夜は10時に寝ました。〈寝る〉

⑧ Tom (　　　　) (　　　　) the first train.
トムは始発電車に乗りました。〈(乗り物に) 乗る〉

⑨ Take the Yamanote Line and (　　　　) (　　　　) at Shinjuku Station.
山手線に乗って，新宿駅で降りてください。〈(乗り物から) 降りる〉

⑩ Those boys are (　　　　) (　　　　) their dog.
あの男の子たちは彼らの犬をさがしています。〈〜をさがす〉

⑪ Please (　　　　) (　　　　) me soon.
すぐに私に手紙を書いてください。〈〜に手紙を書く〉

⑫ Alice is (　　　　) (　　　　) science.
アリスは理科が得意です。〈〜が得意だ〉

⑬ Don't (　　　　) (　　　　) (　　　　) school, John.
学校に遅刻しないで，ジョン。〈〜に遅刻する〉

⑭ Would you like (　　　　) (　　　　) (　　　　) coffee?
コーヒーを1杯いかがですか。〈1杯の〜〉

⑮ She has (　　　　) (　　　　) (　　　　) friends in America.
彼女はアメリカにたくさんの友だちがいます。〈たくさんの〜〉

【基本連語 30 ①】　① look at　② listen to　③ wait for　④ stand up　⑤ Sit down　⑥ get up
⑦ went to bed　⑧ got on　⑨ get off　⑩ looking for　⑪ write to　⑫ good at　⑬ be late for
⑭ a cup of　⑮ a lot of

✎ **Check!**　日本文の意味を表すように，（　　）に適当な1語を入れなさい。

⑯ I often watch music programs (　　　　) (　　　　　).
私はよくテレビで音楽番組を見ます。〈テレビで〉

⑰ (　　　　　) (　　　　　), I could not speak English very well.
最初は，私は英語をあまりじょうずに話すことができませんでした。〈最初は〉

⑱ We have to help (　　　　) (　　　　).
私たちはおたがいに助け合わなければなりません。〈たがいに〉

⑲ I like Japanese food. (　　　　) (　　　　　), *sushi* and *sukiyaki*.
私は日本料理が好きです。たとえば，すしとすき焼きです。〈たとえば〉

⑳ I want to work in a foreign country (　　　) (　　　) (　　　).
私は将来，外国で働きたいです。〈将来〉

㉑ Kate! Do your homework (　　　　) (　　　　).
ケイト！ 宿題を今すぐしなさい。〈今すぐ〉

㉒ We came to Japan (　　　　) the (　　　　) (　　　　).
私たちは日本にはじめて来ました。〈はじめて〉

㉓ This song is liked (　　　　) (　　　　) the (　　　　).
この歌は世界中で好かれています。〈世界中で〉

㉔ There is a CD shop (　　　　) the bookstore (　　　　) the coffee shop.
書店と喫茶店の間にCDショップがあります。〈～と…の間に〉

㉕ My brother likes (　　　　) soccer (　　　　) baseball.
私の兄はサッカーと野球の両方とも好きです。〈～と…の両方とも〉

㉖ He did (　　　　) know about it (　　　　) (　　　　).
彼はそれについてまったく知りませんでした。〈まったく～ない〉

㉗ (　　　　) my (　　　　) (　　　　), I met an old man with a big bag.
帰宅する途中で，私は大きなかばんを持ったお年寄りに会いました。〈帰宅する途中で〉

㉘ My father often (　　　　) a (　　　　) in the morning on Sundays.
父は日曜日の朝，よく散歩をします。〈散歩をする〉

㉙ Did you (　　　　) a (　　　　) (　　　　) at the party?
あなたはパーティーで楽しく過ごしましたか。〈楽しく過ごす〉

㉚ I (　　　　) (　　　　) (　　　　) my little sister when my mother goes out.
母が出かけるときは，私が妹の世話をします。〈～の世話をする〉

【基本連語 30 ②】　⑯ on TV〔television〕　⑰ At first　⑱ each other　⑲ For example　⑳ in the future　㉑ at once〔right now〕　㉒ for, first time　㉓ all over, world　㉔ between, and　㉕ both, and　㉖ not, at all　㉗ On, way home　㉘ takes, walk　㉙ have, good〔wonderful, nice〕time　㉚ take care of

数・季節・月・週

 Check! 次の表を読みながら，①〜㉚の（　）に入る語を書きなさい。

基数と序数

	基数	序数
1	one	①（　　　　　）
2	two	second
3	three	②（　　　　　）
4	four	③（　　　　　）
5	five	④（　　　　　）
6	six	sixth
7	seven	seventh
8	⑤（　　　　　）	eighth
9	⑥（　　　　　）	ninth
10	ten	tenth
11	⑦（　　　　　）	eleventh
12	⑧（　　　　　）	twelfth
13	thirteen	thirteenth
14	fourteen	fourteenth
15	⑨（　　　　　）	fifteenth
16	sixteen	sixteenth
17	seventeen	seventeenth
18	⑩（　　　　　）	eighteenth
19	nineteen	nineteenth
20	⑪（　　　　　）	twentieth
21	twenty-one	twenty-first
22	twenty-two	⑫（　　　　　）
23	⑬（　　　　　）	twenty-third
︙		
30	⑭（　　　　　）	thirtieth
40	⑮（　　　　　）	fortieth
50	fifty	fiftieth
60	⑯（　　　　　）	sixtieth
70	⑰（　　　　　）	seventieth
80	eighty	eightieth
90	ninety	ninetieth
100	⑱（　　　　　）	hundredth

季節・月・週

季節（season）	
春	⑲（　　　　　）
夏	summer
秋	⑳（　　　　　）
冬	winter

月（month）	
1月	January
2月	㉑（　　　　　）
3月	March
4月	㉒（　　　　　）
5月	㉓（　　　　　）
6月	June
7月	㉔（　　　　　）
8月	August
9月	㉕（　　　　　）
10月	October
11月	㉖（　　　　　）
12月	December

週（week）	
日曜日	㉗（　　　　　）
月曜日	Monday
火曜日	㉘（　　　　　）
水曜日	㉙（　　　　　）
木曜日	Thursday
金曜日	㉚（　　　　　）
土曜日	Saturday

【数・季節・月・週】 ① first ② third ③ fourth ④ fifth ⑤ eight ⑥ nine ⑦ eleven ⑧ twelve
⑨ fifteen ⑩ eighteen ⑪ twenty ⑫ twenty-second ⑬ twenty-three ⑭ thirty ⑮ forty
⑯ sixty ⑰ seventy ⑱ hundred ⑲ spring ⑳ fall〔autumn〕 ㉑ February ㉒ April ㉓ May
㉔ July ㉕ September ㉖ November ㉗ Sunday ㉘ Tuesday ㉙ Wednesday ㉚ Friday

公文式教室では、
随時入会を受けつけています。

KUMONは、一人ひとりの力に合わせた教材で、
日本を含めた世界50を超える国と地域に
「学び」を届けています。
自学自習の学習法で「自分でできた！」の自信を育みます。

公文式独自の教材と、
経験豊かな指導者の適切な指導で、
お子さまの学力・能力をさらに伸ばします。

お近くの教室や公文式についてのお問い合わせは

ミンナに　　ヒャクテン
0120-372-100
受付時間9:30〜17:30　月〜金(祝日除く)

都合で教室に通えない
お子様のために、
通信学習制度を設けています。

通信学習の資料のご希望や通信学習についての
お問い合わせは

0120-393-373
受付時間10:00〜17:00　月〜金(水・祝日除く)

お近くの教室を検索できます　くもんいくもん　検索

公文式教室の先生になることに
ついてのお問い合わせは

0120-834-414
くもんの先生　検索

KUM○N　公文教育研究会

公文教育研究会ホームページアドレス
https://www.kumon.ne.jp/

高校入試対策 総復習
これ1冊で
しっかりやり直せる
中学英語

2021年6月	第1版第1刷発行
2022年8月	第1版第3刷発行

発行人　　志村直人
発行所　　株式会社くもん出版
　　　　　〒141-8488
　　　　　東京都品川区東五反田2-10-2
　　　　　東五反田スクエア11F
　　　　　電話　代表　03(6836)0301
　　　　　　　　編集　03(6836)0317
　　　　　　　　営業　03(6836)0305
印刷・製本　株式会社精興社

カバーイラスト　　山内庸資
カバーデザイン　　南彩乃（細山田デザイン事務所）
本文デザイン　　　細山田デザイン事務所・
　　　　　　　　　佐々木一博(GLIP)
DTP　　　　　　　リブロ・(株)ディーキューブ
協力　　　　　　　オフィスQ・日本アイアール株式会社
　　　　　　　　　惣坊 均・谷口岳男・西島事務所
企画・編集　　　　くもん出版編集部

©2021 KUMON PUBLISHING Co.,Ltd. Printed in Japan.
ISBN978-4-7743-3222-2

CD57534

くもん出版ホームページ　https://www.kumonshuppan.com/
＊本書は『くもんの高校入試英語　完全攻略トレーニング①
　中学英語の総復習』を改題し、新しい内容を加えて編集しました。

別冊解答書

答えと考え方

高校入試対策総復習
これ1冊で
しっかりやり直せる
中学英語

くもん出版

1 一般動詞の文

発展問題 P.6

1 (1) エ (2) ア (3) ウ (4) イ

2 (1) watches (2) doesn't know
  (3) swim in
  (4) Does, speak / No, doesn't
  (5) Do, walk / Yes, do

3 (1) He has (2) Does Taro leave
  (3) don't have (4) They clean

---

1 (1) 後ろに一般動詞の practice があるので, isn't や aren't は入らない。主語の Bob が3人称単数なので, doesn't を選ぶ。
  (2) 主語の Ken and Lucy は複数。一般動詞の疑問文なので Do を使う。
  (3) 後ろに前置詞の to があるので, 目的語を必要としない動詞を選ぶ。ここでは go が適当。
  (4) 主語が3人称単数なので, 前の部分の動詞は like<u>s</u> となっている。これにあわせて listen<u>s</u> とする。

2 (1) テレビを「見る」は see や look at ではなく, watch を使う。ここでは主語が She なので, watch を3人称単数現在形にする。語尾が ch の動詞には es をつける。
  (2) 一般動詞の否定文。主語が3人称単数なので,〈主語 + doesn't +動詞の原形….〉の形にする。
  (3) 主語は I なので動詞には何もつかない。「海で」は in the sea とする。
  (4) 一般動詞の疑問文。主語が3人称単数なので,〈Does +主語+動詞の原形…?〉の形にする。答えの文でも does を使う。
  (5) 主語が you の一般動詞の疑問文。〈Do you +動詞の原形…?〉の形にする。答えの文も主語が I なので, do を使う。

3 (1) 主語が3人称単数の He にかわるので, have を3人称単数現在形にする。have は特別な動詞で, has になる。
  (2) 主語が3人称単数の一般動詞の疑問文なので, 文頭に Does を置き, leave<u>s</u> を原形の leave にする。
  (3) 主語が I の一般動詞の否定文。〈I don't +動詞の原形….〉の形にする。

  (4) 主語が複数になるので, 動詞を s のつかない形にする。

完成問題 P.7

1 (1) とても好きですか
  (2) たいてい私の母を手伝います
  (3) じょうずにひきます
  (4) 英語を一生懸命に勉強し (てい) ますか

2 (1) My grandmother does not live in this town.
  (2) Nancy and I don't go to school together.
  (3) We talk to him in English.
  (4) Does your sister want a new bag?

3 (1) He goes to bed at eleven.
  (2) Do you use a computer at home?

---

1 (1) 主語が3人称単数の一般動詞の疑問文。動詞は原形。like ～ very much で「～がとても好きだ, ～が大好きだ」となる。
  (2) 主語が I の一般動詞の文。副詞の usually「たいてい, ふつうは」は通常一般動詞の前, be 動詞の後ろに置かれる。
  (3) 主語が3人称単数の一般動詞の文。
  (4) 主語が you の一般動詞の疑問文。hard は副詞で「一生懸命に」の意味。

2 (1) 主語は My grandmother で3人称単数。否定文なので〈主語 + doesn't +動詞の原形….〉の形にする。ただし, ここでは短縮形 doesn't がないので, does not とする。
  (2) 主語が複数の一般動詞の否定文。〈主語 + don't +動詞の原形….〉の形にする。副詞の together「いっしょに」は文末に置く。
  (3)「彼と話す」は talk to him,「英語で」は in English とする。
  (4) 主語が3人称単数の疑問文の形にする。

3 (1)「寝る」は go to bed で表す。主語は3人称単数なので, go を3人称単数現在形の goes にすることを忘れないように。
  (2) you が主語の一般動詞の疑問文。〈Do you +動詞の原形…?〉の形にする。「家で」は at home で表す。

2 be 動詞の文

1. (1) エ　(2) ア　(3) ウ　(4) ウ
2. (1) Are, eating〔having〕/ I'm not
　　(2) is under　(3) Is there / there is
　　(4) are, tall　(5) and, are
3. (1) I'm swimming
　　(2) There are, glasses
　　(3) They are washing　(4) isn't a

---

1. (1) There is〔are〕～. の文では, あとに続く名詞 (= 主語) が単数なら is, 複数なら are を使う。この文では two balls と複数になっているので, are を使う。
　(2) 主語が 3 人称単数で現在の文のときには, be 動詞は is を使う。
　(3) 「私の父はいま犬小屋を作っているところです」という現在進行形の文にする。現在進行形は,〈am〔are, is〕+ ～ing〉の形。
　(4) 問いかけの文は, classmates と複数形なので, 「あなたたちは同級生ですか」の意味。したがって, we を使って答える。
2. (1) 「～しているのですか」は現在進行形の疑問文。be 動詞を主語の前に出す。
　(2) My racket のような特定のものがあることを表すときは,〈主語 + be 動詞 + 場所を表す語句.〉で表す。「～の下に」は under ～。
　(3) There is〔are〕～. の疑問文は, is〔are〕を There の前に出す。答えるときも, Yes, there is〔are〕. / No, there isn't〔aren't〕. のように, there を使う。
　(4)〈主語 + be 動詞 + 形容詞.〉の文にする。主語が複数なので, be 動詞は are を使う。very は形容詞を強める副詞。
　(5) 主語の Sam and I は複数なので, be 動詞は are を使う。「～歳です」は〈be 動詞 + 数詞 (+ years old)〉で表す。
3. (1) 現在進行形の文では, 動詞の部分を〈am〔are, is〕+ ～ing〉にする。ここは主語が I なので be 動詞は am を使い, I'm とする。swim は m を重ねて ing をつける。
　(2) 主語が複数の five glasses になるので, be 動詞も are にかわる。

---

　(3) これも主語が複数の They になるので, be 動詞も are にかわる。
　(4) There is〔are〕～. の文も, ほかの be 動詞を使う文と同じように, 否定文にするときは be 動詞の後ろに not を置く。ここでは解答欄の数から, 短縮形の isn't を使う。

1. (1) There are　(2) good soccer
　　(3) is nice　(4) is our
2. (1) The girl is doing her homework now.
　　(2) Are there any pictures on the wall?
　　(3) My father is in the garden.
　　(4) They are not singing a song.
3. (1) There is〔There's〕an orange in the box.
　　(2) Is he playing the piano now?

---

1. (1) 「1週間は7日ある」と考え, There is〔are〕～. の文に書きかえる。主語の seven days が複数なので are を使う。
　(2) 一般動詞の文から be 動詞の文への書きかえ。「～はサッカーをじょうずにする」⇒「～はサッカーがうまい人だ」と考える。
　(3) 「これはすてきなラケットだ」⇒「このラケットはすてきだ」と考える。
　(4) これも一般動詞の文から be 動詞の文への書きかえ。「～は私たちに歴史を教える」⇒「～は私たちの歴史の先生だ」と考える。
2. (1) 現在進行形の文にする。「宿題をする」は do *one's* homework で表す。
　(2) 「壁に写真がはってある」は「壁の上に写真がある」と考える。疑問文なので Are there ～ on the wall? の形にする。
　(3) 「私の父」は特定の人を表すので, There is ～. の文にはならない。
　(4) 現在進行形の否定文。be 動詞のあとに not を置く。
3. (1) There is ～. の文にする。「1個のオレンジ」は an orange。an に注意。
　(2) 現在進行形の疑問文にする。「楽器を演奏する」は〈play the + 楽器名〉。

3 さまざまな疑問文

発展問題 P.14

1 (1) ウ (2) ア (3) イ (4) エ
2 (1) Whose   (2) How many students
　 (3) Where is   (4) Because
3 (1) How much
　 (2) Who makes〔cooks〕/ does
　 (3) Aren't you / Yes, am
　 (4) What sport   (5) How do

---

1 (1)「彼は43歳です」と答えているので, How old ～? と年齢をたずねる文にする。
　(2) 文末に「このケーキですか, それともあのケーキ (= that one) ですか」とあるので, which「どちら」を使う。
　(3)「10月12日です」と日付を答えているので, when「いつ」で始まる文にする。
　(4)「きょうの天気はどうですか」とたずねているので, エ「晴れです」が適当。how は様態をたずねる疑問詞。
2 (1)「それは私のものです」と答えているので,「このバッグは<u>だれのもの</u>ですか」と所有者をたずねる文にする。whose には「だれの～」のほかに「だれのもの」の意味もある。
　(2)「私たちのクラスには38人の生徒がいます」と数 (人数) を答えているので,〈How many ＋名詞の複数形〉で始まる疑問文にする。
　(3)「それはベッドの上にいます」と場所を答えているので, where「どこに〔で〕」で始める。
　(4) Why ～?「なぜ～」の疑問文には, Because ….「なぜなら…だから」で答える。because は接続詞で, 後ろに文の形が続く。To practice soccer ….「…サッカーを練習するためです」のように, 不定詞で答える場合もある。
3 (1) 物の値段をたずねるときは, How much で始める。なお,〈How much ＋数えられない名詞〉で量をたずねる言い方にもなる。
　(2)「だれ」は疑問詞の who を使う。この文のように, who が主語になるときは, do や does は使わず, すぐに動詞を続ける。who は 3 人称単数扱いなので, 動詞に s をつける。
　(3)「疲れていますか」ではなく「疲れていない<u>のですか</u>」なので, 否定疑問文にする。否定

疑問文は, Aren't, Isn't, Don't などの短縮形で始める。否定疑問文では特に答え方に注意が必要。日本語の訳が「いいえ」なら Yes を,「はい」なら No を使うことになる。
　(4)「何のスポーツ」は what sport で表す。〈what ＋名詞〉で「何の～」となる。
　(5)「どうやって」と手段・方法をたずねるときは, 疑問詞 how を使う。

完成問題 P.15

1 (1) What is   (2) Whose notebook
　 (3) How do   (4) When does
2 (1) Can't you use a computer?
　 (2) Who takes care of this dog?
　 (3) Is your racket new or old?
　 (4) How long does it take from here to school?
3 (1) Why do you study English hard?
　 (2) Where does that girl live?

---

1 (1)「飛行機」⇒「何」
　(2)「私の姉〔妹〕のノート」⇒「だれのノート」
　(3)「歩いて行く」⇒「どうやって行く」
　(4)「夕食後に」⇒「いつ」
2 (1)「使え<u>ない</u>のですか」は否定疑問文。答えるときは,「いいえ, 使えます」なら Yes, I can. となり,「はい, 使えません」なら No, I can't. となる。
　(2) who「だれが」が主語なので, does は使わずに take<u>s</u> を続ける。「～の世話をする」は take care of ～。
　(3) or「それとも」を使った選択の疑問文。or の前後には, このように形容詞がくることもある。なお, or の疑問文に答えるときは, Yes / No は使わない。
　(4)「(時間が) かかる」は it を主語にし, 動詞は take を使う。例えば, It takes ten minutes from here to school. で「ここから学校まで 10分かかります」の意味。「どのくらい (の時間)」は how long を使う。
3 (1) 理由をたずねる疑問詞 why で始める。
　(2) 場所をたずねる疑問詞 where で始める。

4 名詞と代名詞

1 (1) notebooks　(2) His　(3) water
　(4) cities　(5) These
　(6) buses〔busses〕　(7) men
2 (1) them　(2) We　(3) mine　(4) her
　(5) him
3 (1) this a / it
　(2) an interesting〔a funny〕
　(3) Which / hers
　(4) How many chairs
　(5) that, your

1 (1) notebook は数えられる名詞。前に some
　「いくつかの」があるので複数形にする。
　some は milk のような数えられない名詞の
　前に置かれることもあるが，その場合は「い
　くらかの」の意味になる。
　(2) 後ろに名詞 sister があるので，所有格にす
　る。His sister で「彼の姉〔妹〕」の意味。
　(3) water は数えられない名詞。前に some があ
　っても複数形にはならない。
　(4) old の前に an がないので，単数ではないと
　わかるはず。city の複数形は，語尾の y を i
　にかえて es をつける。
　(5) 後ろに複数形の名詞 pictures があるので，
　These「これらの」にする。
　(6) 前に複数を表す three があるので，複数形。
　bus は es〔ses〕をつけて複数形にする。
　(7) 前に those「あれらの」があるので，複数形
　にする。man の複数形は men。なお，woman
　の複数形は women [wímin]。
2 (1)「マイクとキャシーを」⇒「彼らを」
　(2)「ベスと私は」⇒「私たちは」
　(3)「あれは私の鳥です」⇒「あれは私の（もの）
　です」
　(4)「彼のお母さんの」⇒「彼女の」
　(5) Mr. Carter は男性。with などの前置詞の後
　ろにくる代名詞は目的格にする。
3 (1)「これ」を表す代名詞は this。CD はここ
　では単数なので，前に a をつける。答えの文
　では this は it で受ける。
　(2)「おもしろい」は形容詞 interesting。母音

で始まるので，前には an。a funny も可。
　(3)「どちらが」は which を使う。この問いかけ
　の文は Which bike is Mary's? と書きかえる
　こともできる。答えの文の「彼女の」は「彼女
　のもの」と考える。That red one の one は，
　すでに話題に出た数えられる名詞（ここでは
　bike）をさしている。
　(4)「〜がいくつ（＝いくつの〜が）」と数をたず
　ねる文では How many のあとに数えられる
　名詞の複数形がくる。
　(5)「あの」は that で，「あなたの」は your。

1 (1) four cups　(2) Those flowers are
　(3) is ours　(4) is a box
2 (1) This is a present for you.
　(2) A lot of people visit Japan every year.
　(3) Is that small camera yours?
　(4) Do they like him very much?
3 (1) She has many〔a lot of〕books in her
　room.
　(2) We are not〔We aren't / We're not〕
　their friends.

1 (1) 後ろの名詞が複数形になる。
　(2) That が Those にかわるだけでなく，flower
　が複数形になり，be 動詞も are にかわる。
　(3)「これは私たちの家です」⇒「この家は私た
　ちのものです」と書きかえる。「私たちのもの」
　は所有代名詞 ours で表す。
　(4) 主語が three boxes ⇒ a box と単数になる
　ので，be 動詞も主語にあわせて is にする。
2 (1)「〜へのプレゼント」は a present for 〜。
　(2)「たくさんの人々」は a lot of people。people
　「人々」は複数を表す名詞。
　(3) that small camera の語順に注意。「あなた
　の」＝「あなたのもの」
　(4)「彼女たちは」は they。「彼のことが」はここ
　では目的格の him を使って表す。
3 (1)「たくさんの本」は many〔a lot of〕books。
　(2) 主語が we なので，their friend ではなく，
　their friends と複数形にする。

発展問題　P.22

1 (1) エ　(2) イ　(3) ウ　(4) ア
2 (1) at, on　(2) slowly, well
　(3) very kind　(4) often watches〔sees〕
　(5) is busy
3 (1) 学校は8時30分に始まります
　(2) 夜はけっして外出しません
　(3) ドアのそばにいる男の人は私たちの
　(4) あなたの（考え）とは異なります

1 (1)「～をありがとう」の「～を」は for ～で表す。Thank you for ～. は決まり文句。
　(2) 前に an があるので，母音で始まる形容詞が入る。
　(3) in English で「英語で」の意味。この in は「～で，～を使って」の意味を表す。
　(4)「冬に」のように季節を示す場合，前置詞は in を使う。月や年の場合も同様に in を使う。また，曜日や日付の場合は on を使い，時刻の場合は at を使う。
2 (1)「～を見る」は前置詞 at を使って，look at ～で表す。「壁にはってある絵」は「壁の上の絵」と考え，前置詞 on を使う。on はものに接しているときに使う。
　(2) slowly「ゆっくりと」，well「よく，十分に」はともに動詞を修飾する副詞。
　(3)「とても親切な男の子」は a very kind boy。very は形容詞 kind を修飾する副詞。
　(4) often「しばしば」は頻度を表す副詞なので，一般動詞 watches の前に置く。「SF」は science fiction の略。
　(5) 形容詞 busy が主語 My father を説明する文。〈主語＋be動詞＋形容詞〉の形になる。
3 (1) この at は時刻を表す。at の後ろに続く2つの数字（eight と thirty）は，それぞれ時・分を表している。「～時」のときは ～ o'clock のように表すこともある。
　(2) never も頻度を表す副詞。強い否定を表す。「けっして～ない」の意味。
　(3) by the door「ドアのそばの」は形容詞のような働きをし，前の名詞を修飾している。主語が長くなるので注意しよう。

(4) be different from ～で「～とは異なる，～と違う」の意味を表す。形容詞を使った連語表現。なお，yours はここでは your idea のこと。

完成問題　P.23

1 (1) an easy　(2) fast runner
　(3) a, of　(4) on foot
2 (1) My brother drives a car carefully.
　(2) The girl with long hair is Jane.
　(3) I usually go to bed before eleven.
　(4) Some boys are standing in front of the library.
3 (1) We are〔We're〕very tired now.
　(2) She always helps her mother after dinner.

1 (1)「この本はかんたんです」⇒「これはかんたんな本です」
　(2)「アンは速く走ります」⇒「アンは速く走る人です」　fast を形容詞として使う。
　(3)「私は音楽部に入っています」⇒「私は音楽部の一員です」
　(4)「ジロウと私は学校へ歩いて行きます」⇒「ジロウと私は徒歩で通学します」　on foot は「徒歩で」という手段を表す連語。
2 (1) 副詞の carefully「注意深く」は文末に置く。動詞を修飾する副詞の基本的な位置。
　(2)「長い髪の女の子」は the girl with long hair で表す。with long hair が名詞 girl を修飾し，形容詞のような働きをする。この前置詞 with は所有・所持を表し，「～を持っている」という意味。
　(3) usually は頻度を表す副詞なので，通常は一般動詞の前，be動詞・助動詞の後ろに置く。
　(4) 現在進行形の文にする。「～の前に」は in front of ～で表す。in front of は前置詞の働きをする連語。
3 (1)「疲れて」は形容詞 tired を使って表す。
　(2)「いつも」は頻度を表す副詞 always を使う。位置に注意。「夕食後」は after dinner。

6　過去の文・未来の文

発展問題　P.26

1 (1) イ　(2) ア　(3) エ

2 (1) he won't　(2) Where were

　　(3) they were　(4) he is

　　(5) When did, arrive

3 (1) are, to clean

　　(2) bought, days ago

　　(3) will be　(4) wrote, went

　　(5) was not

---

1 (1) yesterday「きのう」があるので過去の文。主語が I で sick は形容詞なので, am の過去形 was を選ぶ。

(2) 未来を表す助動詞 will のあとにくる動詞は原形なので, take を選ぶ。

(3) 文末に last Sunday「この前の日曜日に」があるので過去の文。一般動詞の過去の否定文には didn't を使う。

2 (1) will を使った疑問文には, will を使って答える。No で答えているので he will not と続くが, 解答欄の数の関係で, will not の短縮形 won't を使う。

(2)「私は学校にいました」と場所を答えているので, where で始まる疑問文にする。I was で答えているので, Where のあとは were you となる。

(3) 過去進行形の疑問文には, be 動詞の過去形を使って答える。主語の David and Ken を they に置きかえることも忘れないように。

(4) 未来を表す be going to ～の疑問文。答えの文でも be 動詞 (ここでは is) を使う。

(5)「1時間前にここに着きました」と答えているので, When で始まる疑問文にする。一般動詞の過去の疑問文なので, When のあとは〈did ＋主語＋動詞の原形〉の形にする。

3 (1)「～するつもりです」という未来の内容を be going to を使って表す。be 動詞は主語 The students にあわせて are にする。

(2)「買いました」は buy の過去形 bought を使う。「～前」は ～ ago で表す。

(3) 未来を表す文。cloudy は形容詞なので, be 動詞の未来の文〈主語＋ will be ～.〉にする。

(4) どちらの空所にも不規則動詞の過去形が入る。write「書く」の過去形は wrote。go to bed「寝る」の go の過去形は went。なお, この文の then は「そのとき」の意味ではなく,「それから」の意味。

(5) interesting「おもしろい」は形容詞なので, 過去形の be 動詞を使った否定文にする。

完成問題　P.27

1 (1) was in　(2) won't meet

　　(3) is going to　(4) They studied

2 (1) Did you send a card to her?

　　(2) The boys were not having lunch at that time.

　　(3) There was a car under the tree then.

　　(4) How long are you going to stay here?

3 (1) He got〔woke〕up early this morning.

　　(2) Will they play baseball next Sunday?

---

1 (1) last week「先週」にかわるので, 過去の文になる。is を過去形の was にする。

(2) ここでは解答欄の数の関係で, will not の短縮形 won't を使う。

(3) will を be going to に書きかえる。be 動詞は主語にあわせて is にする。

(4) 動詞を過去形にする。study は語尾の y を i にかえて ed をつける。

2 (1) 一般動詞の過去の疑問文。〈Did ＋主語＋動詞の原形…?〉の形にする。

(2) 過去進行形の否定文。〈主語 ＋ was〔were〕not ＋ ～ing ….〉の形にする。「そのとき」は at that time で表す。

(3) There is〔are〕～.「～がある〔いる〕」の過去の文。ここでは be 動詞は was を使う。

(4)「どのくらいの間～」と期間をたずねているので, How long ～? で始まる疑問文にする。これに be going to の疑問文の形が続く。

3 (1)「起きる」は get up または wake up。ここは過去の文なので, 過去形の got〔woke〕にする。「けさ早く」は early this morning。

(2) 未来の疑問文。語数から will を使う。「次の日曜日に」は next Sunday。

7 助動詞の文

1　(1) イ　(2) エ　(3) ウ
2　(1) Can, read
　　(2) doesn't have〔need〕to
　　(3) mustn't〔can't〕play
　　(4) should help
　　(5) Will〔Can〕you close / Sure
　　(6) Shall we eat〔have〕
3　(1) 新しい英語の先生かもしれません
　　(2) 自転車に乗れるようになるでしょう
　　(3) 始発列車に乗らなければなりませんでした
　　(4) 私のアルバムを見せましょうか

1　(1) 文末に yesterday「きのう」があるので過去の文。過去を表すのは couldn't（= could not）だけ。could は can の過去形。
　　(2) 助動詞のあとは動詞の原形。be 動詞の原形 be が入る。
　　(3) May I ～? は「～してもいいですか」と許可を求める言い方。ウの「すみませんが, だめです」が適当。会話では, 不許可を表す場合は may not よりも can't のほうがふつう。
2　(1) 助動詞を使った疑問文は〈助動詞＋主語＋動詞の原形～?〉の形になる。
　　(2)「～する必要がない」は have to ～「～しなければならない」の否定形 don't have to ～で表す。肯定形との意味の違いに注意。
　　(3)「～してはいけない」は must ～「～しなければならない」の否定形で表す。解答欄の数から短縮形 mustn't [mʌ́snt] を使う。不許可を表す can't を使ってもよい。
　　(4)「～すべきである」は should ～で表す。
　　(5)「～してくれませんか」という依頼の意味は, Will〔Can〕you ～? で表す。
　　(6)「～しましょうか」という勧誘の意味は, Shall we ～? で表す。
3　(1) may には「～してもよい」という意味のほかに,「～かもしれない」という意味もある。ここでは後者の意味。
　　(2) be able to ～「～できる」の前に未来を表す will がついた形。助動詞 will のあとに助動詞

can を続けることはできないが, be able to は助動詞ではないのでこの形が可能。
　　(3) had to は have〔has〕to の過去形で「～しなければならなかった」の意味。
　　(4) Shall I ～? は「（私が）～しましょうか」と, 相手の意向をたずねる表現。

1　(1) is able to use　(2) Shall we
　　(3) Will〔Can, Would, Could〕you
　　(4) has to come　(5) mustn't〔can't〕talk
　　(6) like
2　(1) Shall we go out for a meal tonight?
　　(2) We don't have to finish the work today.
　　(3) Will you give me some water?
3　(1) May〔Can〕I eat〔have〕this apple?
　　(2) You mustn't〔can't〕swim in this river.

1　(1) can は be able to とほぼ同じ意味。
　　(2) Let's ～. は Shall we ～? とほぼ同じ意味。後者は疑問文になることに注意。
　　(3) 上の文は依頼を表す文。Will〔Can〕you ～?「～してくれませんか」, またはよりていねいな Would〔Could〕you ～?「～していただけませんか」に書きかえる。
　　(4) must は have〔has〕to とほぼ同じ意味。
　　(5) 上の文は「～してはいけない」という否定命令文。禁止を表す mustn't（または不許可を表す can't）を使って書きかえる。
　　(6) I'd は I would の短縮形。I want ～. は I would like ～. と書きかえられる。後者の方がよりていねいで, ひかえめな表現。
2　(1)「～しましょうか」は Shall we ～? で表す。「食事に出かける」は go out for a meal。
　　(2)「～しなくてもよい」は don't have to ～。
　　(3)「～してくれませんか」は Will you ～? で表す。疑問文でも, 肯定の答えを期待しているので some が使われている。
3　(1) 許可を表す may〔can〕を使った疑問文にする。
　　(2) 禁止を表す mustn't（または不許可を表す can't）を使った否定文にする。

8 現在完了の文

発展問題　P.34

1 (1) エ　(2) ウ　(3) ア　(4) イ
2 (1) イ, エ　(2) ア, カ　(3) ウ, オ
3 (1) haven't bought, yet
　(2) has been, for
　(3) have never seen
　(4) has just begun〔started〕
　(5) How long have, used

1 (1) has と already から, 現在完了の完了用法の文だとわかる。leave「出発する」の過去分詞 left を選ぶ。
　(2) 現在完了の継続用法の文。継続用法では for 〜「〜の間」, since 〜「〜から, 〜以来」がよく使われるが, ここでは since が適当。「フレッドは去年から (ずっと) 新しいベッドがほしいと思っています」
　(3) three years ago「3年前に」と過去を表す語句があるので, 現在完了にはならない。過去の文にする。
　(4) twice「2回」のような回数を表す語句は現在完了の経験用法の文でよく使う。「私たちは2回阿蘇山に登ったことがあります」
2 (1) 文の意味は「あなたは (いままでに) 将棋(しょうぎ)をしたことがありますか」で, 経験用法。副詞の ever「いままでに」がヒントになる。
　(2) 文の意味は「生徒たちは2時間 (ずっと) 図書館にいます」で, 継続用法。期間を表す for two hours がヒントになる。
　(3) 文の意味は「トムはちょうど彼のお父さんの車を洗ったところです」で, 完了用法。副詞の just「ちょうど」がヒントになる。
ア〜カの意味と用法は次のとおり。
ア「私たちは長い間このドアを開けていません」は継続用法。for a long time「長い間」
イ「私の父は以前ニューヨークへ行ったことがあります」は経験用法。before「以前 (に)」
ウ「彼らはもう帰宅しましたか」は完了用法。yet は疑問文では「もう」の意味になる。
エ「私はその歌手と何度も話したことがあります」は経験用法。many times「何度も」
オ「私はすでにその本を読んでしまいました」

は完了用法。already「すでに」
カ「ヘンリーは子どもだったときからギターをひいています」は継続用法。この文の since は前置詞ではなく接続詞。
3 (1) 完了用法の否定文。否定文で「まだ」の意味を表すのは yet。
　(2) 現在完了進行形の文。「長い間」は for a long time で表す。
　(3) 経験用法の否定文。「一度も〜ない」は副詞 never を使う。
　(4) 完了用法の文。「ちょうど」は just。
　(5) 継続用法の疑問文。「どのくらいの間〜」は How long 〜? で表す。

完成問題　P.35

1 (1) have seen　(2) Has, sent
　(3) has been, since　(4) have lost
2 (1) I haven't written a letter to my aunt yet.
　(2) Tom has been waiting here for an hour.
　(3) I have never been to a foreign country.
　(4) How long has she lived in Japan?
3 (1) He has visited Kyoto three times.
　(2) Have you finished (eating) dinner yet?

1 (1) 現在完了の経験用法の文にする。
　(2) has を主語の前に出して疑問文の形にする。
　(3)「母はこの前の金曜日に病気になりました。(いまも) まだ病気です」⇒「母はこの前の金曜日から (ずっと) 病気です」と考える。現在完了の継続用法で表す。
　(4) 現在完了の完了用法の文にする。I have lost 〜. とすると, いまもなくした状態が続いていることを表す。
2 (1) 完了用法の否定文。
　(2) 現在完了進行形の文。「1時間」は for an hour。
　(3) never を使った経験用法の否定文。
　(4) How long で始まる継続用法の疑問文。
3 (1) 経験用法の文。「3回」は three times。
　(2) 完了用法の疑問文。「もう」は yet。

9　受け身の文

発展問題　P.38

1 (1) イ　(2) エ　(3) ウ　(4) ア
2 (1) No, isn't　(2) When were, brought
(3) Where was, found
3 (1) isn't used　(2) were taught by
(3) will be read　(4) is covered with
(5) taken care of
(6) was pleased with

1 (1) 受け身の文。fifty years ago とあるので,過去。be 動詞は主語にあわせて was を選ぶ。「あの建物は50年前に建てられました」
(2) 受け身の疑問文。「この部屋は毎日そうじされますか」
(3) 空所の後ろに see の過去分詞 seen があるので, 現在完了と受け身の可能性があるが, 意味から考えて受け身の文。「多くの種類の動物がこの森で見られます」
(4) be made of ～「～でできている」と be made from ～「～から作られている」の違いに注意。of のあとには材料（質的な変化がない）がきて, from のあとには原料（質的に変化する）がくる。「この人形は紙でできている」
2 (1)「朝食はあなたのお母さんによって料理されますか」に対して,「私の姉〔妹〕が料理します」と答えているので, No の答えにする。受け身の疑問文には, 通常の be 動詞の文と同じように be 動詞を使って答える。
(2)「けさここに持ってこられました」と答えているので,「いつ～」と時をたずねる受け身の文にする。
(3)「公園で見つけられました」と答えているので,「どこで～」と場所をたずねる受け身の文にする。
3 (1) 受け身の否定文にする。解答欄の数から, 短縮形 isn't を使う。
(2)「教わりました」⇒「教えてもらいました」ということなので, 受け身の文にする。teach の過去分詞は taught。
(3)「読まれるでしょう」は受け身の未来の文で表す。〈will be ＋過去分詞〉の形になる。
(4)「～でおおわれている」は be covered with

～で表す。前置詞は with。
(5) take care of ～「～の世話をする」を受け身にして使う。このような連語を受け身にするときは, 動詞の部分を〈be 動詞＋過去分詞〉の形にし, ほかの部分はそのまま続ける。
(6)「～を気に入る」は be pleased with ～で表す。前置詞は with。

完成問題　P.39

1 (1) is visited by　(2) was closed
(3) were not washed
(4) is interested in
2 (1) This story is written in easy English.
(2) I was very surprised at his letter.
(3) The machine was not invented by him.
(4) What language is spoken in your country?
3 (1) This picture was taken by Yumi.
(2) Was this car made in Japan?

1 (1) be visited by ～「～によって訪問される」という受け身の文への書きかえ。「毎年京都は多くの外国人に訪問されます」
(2) 過去の文になるので, be 動詞を過去形 was にする。
(3) 受け身の否定文にするので, be 動詞の後ろに not を置く。
(4)「碁は彼女にはおもしろい」⇒「彼女は碁に興味を持っている」と考える。「～に興味を持っている」は be interested in ～で表す。前置詞は in。
2 (1)「かんたんな英語で」は in easy English。
(2)「～に驚く」は英語では受け身で表す。be surprised at ～を使う。
(3) 行為者を表す「彼によって」は by him。
(4)〈what ＋名詞〉が主語の受け身の疑問文。〈主語＋ be 動詞＋過去分詞…?〉の語順。
3 (1)「撮る」を意味する動詞は take。ここでは受け身なので be taken の形になる。行為者を表す「由美によって」は by Yumi。
(2)「日本で」は場所を表しているので, 行為者を表す by を使わず, in Japan とする。

10 動名詞と不定詞

発展問題 P.42

1. (1) ウ　(2) エ　(3) イ　(4) ウ
2. (1) Taking, is　(2) to drive
   (3) enjoy singing　(4) tried to answer
   (5) It, for, to watch
3. (1) 泳ぐことはとても楽しい
   (2) 勉強することは私にはむずかしい
   (3) たくさんの本を読むことは
   (4) 行くことを楽しみにしています

1. (1) finish は動名詞を目的語にする。
   finish ～ing で「～し終える」の意味。
   (2) hope は不定詞を目的語にする。hope to ～
   で「～することを希望する,～したい」の意味。
   (3) 形式主語 It で始まる It is … for — to ～. の
   文。「—には～することは…だ」の意味。
   (4) be interested in ～は「～に興味を持ってい
   る」の意味。前置詞 in の後ろには, 名詞・代
   名詞のほかに動名詞もくる。
2. (1)「撮ること」を1語で表すので動名詞を使
   う。動名詞は3人称単数扱いなので, be 動詞
   は is になる。直前の pictures（複数）にまど
   わされないように。
   (2)「運転すること」を2語で表すので, 不定詞
   を使う。補語になる不定詞。
   (3)「楽しむ」は enjoy。enjoy は動名詞を目的語
   にする。enjoy ～ing で「～することを楽し
   む,～して楽しむ」の意味。
   (4)「～しようとする」は, 不定詞を目的語にし
   て try to ～で表す。過去形 tried を入れる。
   (5) soccer games が文末にきているので, 文頭
   に形式主語 It を使う。It is … for — to ～.
   「—には～することは…だ」の形にする。
3. (1) 動名詞の句 Swimming in the sea「海で
   泳ぐこと」が主語。
   (2) 不定詞の句 To study math「数学を勉強す
   ること」が主語。
   (3) It is … to ～.「～することは…だ」の文。It
   は形式的な主語なので訳さず, 実際の主語に
   あたる語句 to read many books「たくさん
   の本を読むこと」から訳す。
   (4) look forward to ～は「～を楽しみに待つ」

の意味。この文では前置詞 to のあとに動名
詞がきている。

完成問題 P.43

1. (1) like watching　(2) It is, to have
   (3) To make　(4) like to
2. (1) Are you good at playing basketball?
   (2) It is difficult for my brother to ride a
   bike.
   (3) My dream is to be an astronaut.
   (4) They stopped talking and began to
   listen to him.
3. (1) She wants to buy a new racket.
   (2) It is important to help old people.

1. (1) like は不定詞も動名詞も目的語にできる
   動詞。to watch を watching に書きかえる。
   (2) 文頭に形式主語の It を置いて, 上の文の主
   語にあたる To have good friends を文末に
   置く。意味は変わらないが, 主語が長い場合
   は形式主語を使った文が好まれる。
   (3) 動名詞 Making で始まる主語を, 不定詞 To
   make を使って書きかえる。
   (4) want to ～「～したい」をていねいな言い
   方にすると would like to ～になる。I'd は I
   would の短縮形。
2. (1)「～が得意である」は be good at ～。こ
   こでは at のあとを動名詞にする。
   (2) It is … for — to ～. の文にする。「私の弟に
   は」を for my brother で表す。
   (3)「～になること」は不定詞を使って表す。「～
   になる」はここでは be を使う。
   (4) stop は動名詞を目的語にする。stop ～ing
   で「～するのをやめる」の意味。begin は不定
   詞も動名詞も目的語にするが, あたえられた
   語から, ここでは不定詞を使って表す。「彼の
   言うことを聞く」は listen to him。
3. (1)「～したがっている」は want to ～「～し
   たい」で表す。
   (2) To help ～で文を始めると7語にならない
   ので, 形式主語 It を使って, It is … to help
   ～. の文にする。「お年寄り」は old people。

11

11　不定詞のさまざまな用法

発展問題　P.46

① (1) ウ　(2) ウ　(3) イ　(4) エ
　 (5) ア
② (1) イ　(2) イ
③ (1) エ　(2) ウ　(3) ウ

---

① (1) too … to ~「~するには…すぎる，…す
　 ぎて~できない」の文。「私は忙しすぎて昼食
　 を食べられません」
　 (2) Why ~?「なぜ~」に対して，「~するため
　 に」という，目的を表す不定詞の副詞的用法
　 を使って答える。
　 (3) 〈疑問詞 + to ~〉の形にする。後ろに bag
　 があるので，which 以外は入らない。which
　 bag to use で「どちらのバッグを使ったらよ
　 いのか」の意味。
　 (4) 目的を表す副詞的用法の不定詞を使う。to
　 catch the first train で「始発列車に間に合う
　 ように」の意味。
　 (5) … enough to ~「~するほど十分に…」の
　 文。「私は自分の面倒を見るほど十分に賢い」
　 ⇒「自分の面倒は自分で見ます」
② (1)「私たちはギターをひくことがとても好き
　 です」　この to play は名詞的用法。
　 ア「彼女は美術を勉強するためにフランスへ行
　 きました」　目的を表す副詞の用法。
　 イ「私は新しい辞書を買うことを望みます（＝
　 買いたいです）」　名詞的用法。
　 ウ「私に何か温かい飲むための物（＝飲み物）
　 をください」　形容詞的用法。hot も to drink
　 も後ろから something を修飾。
　 エ「子どもたちはおじさんに会うために早く帰
　 宅しました」　目的を表す副詞的用法。
　 (2)「彼はエミリーに会ってうれしかった」　こ
　 の to see は感情の原因を表す副詞的用法。
　 ア「人々は新しい学校を建設することを決定し
　 ました」　名詞的用法。
　 イ「私たちはその知らせを聞いて悲しかった」
　 感情の原因を表す副詞的用法。
　 ウ「私は新鮮な空気を入れるために窓を開けま
　 した」　目的を表す副詞的用法。
　 エ「この町には見るべきおもしろいものがた

くさんあります」　形容詞的用法。to see は
things を後ろから修飾している。
③ (1)「私はきょう新聞を読む時間がありません
　 でした」　to read は no time を後ろから修飾
　 する形容詞的用法の不定詞。
　 (2)「彼女はコンサートについて話すためにフ
　 レッドに電話しました」　to tell は目的を表
　 す副詞的用法の不定詞。
　 (3)「私たちがこの川で泳ぐのは危険です」　It
　 is … for — to ~. の文にする。for us は to
　 swim の行為者を表す。

完成問題　P.47

① (1) how to　(2) to become〔be〕
　 (3) to do　(4) It, of, to
② (1) I had no chance to visit Okinawa.
　 (2) It is difficult to sing English songs.
　 (3) I would like to know what to buy for
　 　 her.
　 (4) They are studying how to protect the
　 　 environment around us.
③ (1) They were sad to hear her words.
　 (2) It is〔It's〕too hot for me to sleep.

---

① (1) the way to ~「~への道」を how to get
　 to ~「~への行き方」に書きかえる。
　 (2)「~になるという夢を持っている」を「夢は
　 ~になることだ」に書きかえる。
　 (3)「多くのことをしなければならない」を「す
　 るべきことがたくさんある」に書きかえる。
　 (4)「あなたは~してくれるほど（十分に）親切
　 でした」をIt is kind of … to ~.「…は親切に
　 も~してくれる」の文を使って書きかえる。
　 この場合，kind のあとは〈of + 人〉となる。
② (1) chance を to visit ~で修飾する。
　 (2) it を形式主語として使う。
　 (3)「~したい」は would like to ~ を使う。
　 (4)「どうやって自然環境を守るか」は how to
　 protect the environment とする。
③ (1) 感情の原因を表す不定詞を使う。
　 (2) 主語は天候などを表す it を使う。「とても…
　 で~できない」は too … to ~ で表す。

12 現在分詞と過去分詞

発展問題　　　　　　　　　　　P.50

1 (1) talking　(2) used
　(3) dancing　(4) built
　(5) boiled　(6) sleeping
　(7) swimming
2 (1) ウ　(2) イ
3 (1) written in English
　(2) went shopping
　(3) woman standing
　(4) fallen trees　(5) friends living

---

1 「～している」という意味なら現在分詞に，「～される〔た〕」という意味なら過去分詞にするのがポイント。

(1)「あなたのお母さんと話している男の人」の意味。talking 以下が前の man を修飾。

(2)「ケンによって使われている机」の意味。used 以下が前の desk を修飾。

(3)「あの踊っている少女」　分詞が単独で使われるときは，名詞の前に置いて修飾する。

(4)「300 年前に建てられた寺」の意味。built 以下が前の temple を修飾。

(5)「ゆで（られた）卵」の意味。boiled が単独で後ろの eggs を修飾。

(6)「向こうで眠っている犬」の意味。sleeping over there が前の dog を修飾。

(7)「プールで泳いでいる男の人」の意味。swimming 以下が前の man を修飾。

2 (1) reading a book が前の girl を修飾している。「本を読んでいる少女はアキコです」

ア is looking は現在進行形。

イ cleaning は動名詞。「そうじすること」

ウ visiting Japan が前の people を修飾している。「日本を訪れる多くの人々が京都へ行きたいと思います」

エ interesting は形容詞。

(2) made in France が前の bag を修飾している。「これはフランス製のバッグです」

ア tired は形容詞。

イ painted by the artist が前の picture を修飾している。「その画家によって描かれた絵はすばらしい」

ウ have just arrived は現在完了。

エ are seen は受け身。

3 (1)「英語で書かれた」の部分を過去分詞を使って表し，前の letter「手紙」を修飾する形にする。

(2) go ～ing で「～しに行く」という連語。

(3)「ドアのそばに立っている」の部分を現在分詞を使って表し，前の woman「女の人」を修飾する形にする。

(4)「倒れた木」は「倒れてしまった木」と考えて，完了の意味を表す過去分詞の形容詞的用法を使う。

(5)「カナダに住んでいる」の部分を現在分詞を使って表し，前の friends「友だち」を修飾する形にする。

完成問題　　　　　　　　　　　P.51

1 (1) 自転車に乗っている子どもを
　(2) そのアメリカ人の少年にたずねられた質問に
　(3) 飛んでいる，あの白い鳥を
　(4) 割れた皿があります
2 (1) The girl eating a hamburger is May.
　(2) I will go fishing in the lake next Sunday.
　(3) That crying baby is my sister.
　(4) What is the language spoken in Brazil?
3 (1) I know the boy running in the park.
　(2) This is a picture taken by Jim.

---

1 (1) riding 以下が前の child を修飾。

(2) asked 以下が前の questions を修飾。

(3) flying 以下が前の bird を修飾。

(4) broken が単独で後ろの dish を修飾。

2 (1) eating a hamburger を形容詞的に使う。

(2)「～しに行く」は go ～ing で表す。

(3) that crying baby の語順にする。crying が単独で後ろの baby を修飾。

(4) spoken in Brazil を形容詞的に使う。

3 (1) boy を running ～ で修飾する。

(2) picture を taken ～ で修飾する。

13 さまざまな文型

発展問題 P.54

1 (1) ウ　(2) エ　(3) ア　(4) オ
　(5) イ

2 (1) looks, young　(2) asked, to
　(3) call him　(4) buy me
　(5) sent, to

3 (1) 彼の息子に車を洗うように
　(2) 私にケーキの作り方を
　(3) 彼に私たちの野球チームに入って

1 目的語 (O) と補語 (C) に注目しよう。助動詞や現在完了形の have〔has〕などは除外して考えると文型がわかりやすくなる。
(1) a music program が目的語 ⇒ SVO
(2) you (あなたに) と a question (質問を) が目的語 ⇒ SVOO
(3)〈make + 人 + 形容詞〉で「人を～ (の状態) にする」の意味。the people が目的語で sad が補語 ⇒ SVOC
(4) along 以下はすべて修飾語句 ⇒ SV
(5)〈get + 形容詞〉で「～ (の状態) になる」の意味。cold が補語 ⇒ SVC
選択肢ア～オの文型は次のとおり。
ア their daughter が目的語で Karen が補語 ⇒ SVOC。〈name + 人 + 名詞〉で「人を～と名づける」
イ great が補語 ⇒ SVC。〈sound + 形容詞〉で「～に聞こえる, 思われる」
ウ breakfast が目的語 ⇒ SVO
エ me (私に) と an interesting story (おもしろい話を) が目的語 ⇒ SVOO
オ at 以下は修飾語句 ⇒ SV
2 (1)〈look + 形容詞〉「～に見える」
(2)〈ask + 人 + to ～〉「人に～するように頼む」
(3)〈call + 人 + 呼び名〉「人を～と呼ぶ」
(4)〈buy + 人 + もの〉「人にものを買ってあげる」
(5) この文は SVOO ではないので,「私に」は修飾語句 to me で表す。
3 (1)〈tell + 人 + to ～〉で「人に～するように言う, 命ずる」の意味。
(2)〈teach + 人 + もの〉で「人にものを教える」の意味。「もの」の部分が how to ～「～の

し方」になっている。
(3)〈want + 人 + to ～〉で「人に～してもらいたい」の意味。

完成問題 P.55

1 (1) makes, for us　(2) asked, to help
　(3) made us　(4) tell, to go

2 (1) He told me that I should see that movie.
　(2) What do you call this flower in English?
　(3) I want you to stay here longer.
　(4) That cloud looks like a dog.

3 (1) She asked me to carry her bag.
　(2) Will〔Can, Would, Could〕you lend me your dictionary?

1 (1)〈make + 人 + もの〉「人にものを作ってあげる」は〈make + もの + for + 人〉に書きかえられる。buy も同じ書きかえができる。
(2)「～に『どうか…してください』と言った」は,〈ask + 人 + to ～〉「人に～するように頼む」の形に書きかえられる。
(3) 上の文は感情の原因を表す不定詞を使った文で,「私たちはその知らせを聞いて驚きました」の意味。これを〈make + 人 + 形容詞〉「人を～ (の状態) にする」を使って表す。
(4)「～に『…しなさい』と言う」は,〈tell + 人 + to ～〉「人に～するように言う」の形に書きかえられる。
2 (1)〈tell + 人 + that ～〉「人に～と言う」の形にする。
(2)〈call + もの + 呼び名〉「ものを～と呼ぶ」の「呼び名」の部分を疑問詞 what でたずねる疑問文。what は文頭にくる。
(3)〈want + 人 + to ～〉「人に～してもらいたい」の形にする。「ここにもっと長くいる」は stay here longer。
(4)〈look + like + 名詞〉で「～のように見える」の意味になる。この like は前置詞。〈look + 形容詞〉「～に見える」との違いに注意。
3 (1)〈ask + 人 + to ～〉を使う。
(2)「人にものを貸す」は〈lend + 人 + もの〉。

14 接続詞

発展問題　P.58

1 (1) イ　(2) ア　(3) エ

2 (1) so, that　(2) was, that, was
(3) both, and　(4) because it
(5) When　(6) As soon as

3 (1) 東京だけでなく京都にも
(2) あなたと行けないと思います
(3) 彼女が日本を訪れること
(4) （もし）あなたがこの本を気に入っているなら

完成問題　P.59

1 (1) because　(2) after
(3) so tired that　(4) both, and

2 (1) Either you or Tom has to go there.
(2) Mika was cooking dinner when I called her.
(3) I hope your mother will get well soon.
(4) Please wait here until I come back.

3 (1) I think (that) English is very important.
(2) Please help me if you are free.
〔If you are free, please help me.〕

---

1 (1)「かぎを見つけようとしたが，見つからなかった」の意味。逆接を表す接続詞は but。
(2)「あなたのバッグは青いですか，それとも赤いですか」の意味。「～かそれとも…，～または…」の意味を表す接続詞 or が入る。
(3) 接続詞の that「～と（いうこと）」を入れて think の目的語にする。この that は省略可能。

2 (1) so ～ that …「とても～なので…」を使う。that 以下は文の形になる。
(2)「～でうれしい」は I'm glad that ～. 過去の文なので，I was glad that ～. とし，それに合わせて that のあとにくる動詞も過去形にする。
(3) both ～ and …「～も…も両方とも」を使う。
(4)「～なので」は理由を表す接続詞 because を使う。
(5)「～のとき，～するとき」は接続詞 when を使う。なお，when 以下は文の後半に置くこともできるが，その場合，when の前にコンマは不要。
(6) 接続詞の働きをする連語 as soon as ～「～するとすぐに」を使う。

3 (1) not only ～ but also …で「～だけでなく…も」の意味。～と…の部分にはさまざまなものがくる。ここでは副詞句 to ～。
(2) I'm afraid that ～. で「（残念ながら）～ではないかと思う」の意味。好ましくないことについて言うときに使う。
(3) (that) she will visit Japan が名詞の働きをして，動詞 know の目的語になっている。ここでは that は省略されている。
(4) If ～は「（もし）～ならば」の意味。

1 (1)「～はとてもむずかしかった，それで…」⇒「～はとてもむずかしかったので，…」と考える。結果を表す接続詞 so「それで…」を使った文を，理由を表す接続詞 because「～なので」を使って書きかえる。
(2)「～して，…した」⇒「～したあとに，…した」と考える。「～したあとに」は接続詞 after を使う。after は前置詞としても接続詞としても使うことができる。
(3)「彼女は疲れすぎて動けません」の意味。too ～ to …「～すぎて…できない」を so ～ that …「とても～なので…」に書きかえる。
(4)「～がほしい。…もほしい」⇒「～も…も両方ともほしい」と考える。「AもBも両方とも」は both A and B を使う。

2 (1)「AかBのどちらか」は either A or B で表す。動詞はBに合わせる。
(2)「～したとき」は接続詞 when で表す。
(3)「～するといいと思う」は I hope (that) ～. で表す。期待を込めて「～であればよいと思う」と言うときに使う。ここでは that は省略されている。
(4)「～まで」は until を使う。until は前置詞としても接続詞としても使うが，ここでは「戻ってくるまで」なので，接続詞として使う。

3 (1)「私は～と思います」は I think (that) ～. で表す。
(2)「（もし）～ならば」は if ～。文の前半と後半のどちらに置いてもよい。

15

15 関係代名詞

1 イ, エ, カ, キ

2 (1) which〔that〕was made　(2) he uses

　　(3) who〔that〕can speak　(4) that, like

　　(5) she made

3 (1) 窓を割った少年は

　　(2) 彼女を有名にした歌

　　(3) 彼がよく訪れる都市

　　(4) 私が先週なくした腕時計を

---

1 関係代名詞のあとに〈主語＋動詞…〉の形が続くか, それとも〈動詞…〉が続くかに注目しよう。後者の場合は省略できない。

　ア, ウ, オ, クは, 関係代名詞のあと, すぐに動詞 (takes, wrote, studies, has) がきているため, 省略できない。

　イ, エ, カ, キは, 関係代名詞のあとに〈主語＋動詞…〉の形 (you got, Mamoru keeps, I met, I took) がきているため, 省略可能。

　ア～クの英文の訳は次のとおり。

　ア「看護師は病人の世話をする人です」

　イ「あなたがニューヨークで買ったバッグを私に見せてくれますか」　ウ「漱石は『坊っちゃん』を書いた作家です」　エ「ミミはマモルが飼っているねこです」　オ「フィッシャー氏は海の動物を研究している科学者です」

　カ「私が会ったアメリカ人の生徒たちは日本文化に興味を持っていました」　キ「ここに私が沖縄で撮った写真があります」　ク「私は長い耳を持つ犬を飼っています」

2 (1)「絵里によって作られた」を関係代名詞の節で表す。先行詞は the cake なので, 関係代名詞は which か that を使い, あとに was made by Eri と受け身の形を続ける。

　(2)「彼が毎日使う」を関係代名詞の節で表す。先行詞は the bike なので, 関係代名詞は which か that を使い, あとに he uses every day と続ける。ただし, 解答欄の数から, 関係代名詞を省略した言い方にする。

　(3)「中国語を話せる」を関係代名詞 who または that の節で表す。先行詞は someone。

　(4)「あなたがいちばん好きな」を関係代名詞

---

that の節で表す。先行詞は the singer。that の代わりに whom〔who〕も可。

　(5)「彼女がした」を関係代名詞の節で表す。ただし, 解答欄の数から, 関係代名詞は省略する。「スピーチをする」は make a speech なので, 「彼女がした」は she made で表す。

3 (1) 関係代名詞の節による修飾を読みとる。

　(3) the city の後ろに, 関係代名詞 which または that が省略されている。

---

1 (1) which〔that〕is sleeping

　　(2) cooked by　(3) who〔that〕

　　(4) Fred took

2 (1) Let's watch the DVD I borrowed from her.

　　(2) This is the computer I have wanted to buy.

　　(3) Sam has a sister who works in Canada.

　　(4) The building that stands on the hill is a museum.

3 (1) I know a girl who〔that〕plays the piano well.

　　(2) This is a book I bought yesterday.

---

1 (1) 現在分詞 sleeping ～による後置修飾を, 関係代名詞の節 which〔that〕is sleeping ～で表す。

　(2) 関係代名詞の節 which was cooked ～を過去分詞 cooked ～による後置修飾で表す。

　(3) 前置詞の句 with ～「～を持った」を関係代名詞の節 who〔that〕has ～で表す。

　(4)「フレッドによって撮られた写真」⇒「フレッドが撮った写真」と考え, 関係代名詞の節 which〔that〕Fred took に書きかえる。解答欄の数から, 関係代名詞は省略する。

2 名詞に対する修飾を, 関係代名詞を使って表す。(1)(2)の文では, 関係代名詞は省略する。

3 この問題でも, 名詞に対する修飾を, 関係代名詞の節を使って表すことがポイント。(2)の文では, 語数の関係で関係代名詞は省略する。

16 注意すべき冠詞・名詞・形容詞

発展問題　　　　　　　　　　　　P.66

1. (1) エ　(2) エ　(3) イ　(4) ウ
2. (1) the　(2) an, the　(3) ×, the
   (4) ×　(5) a, the
3. (1) お茶〔紅茶〕を1杯
   (2) 月に1度私の祖母を
   (3) 英語を少し話します
   (4) 朝にラジオを聴きます

---

1 (1) 空所の後ろに複数形の名詞 friends があるので, a, an は不可。疑問文なので, ここでは any が入る。
(2) people は複数を表すので, much, a little のような量を表すものは不可。any ～は肯定文中では「どんな～でも」の意味になるので, ここでは不適当。a few「少しの」を選ぶ。
(3) food は数えられない名詞なので, much を選ぶ。a も few も many も数えられる名詞につく。
(4) milk も数えられない名詞で, last night「昨夜」があるので, was を選ぶ。

2 (1) 一般的に海を表すときは, the sea の形で使う。
(2) 「あるアメリカ人の女の子」は, まだ特定されていないので an を入れる（American の前なので a ではなく an）。次は,「その女の子」と特定されているので, the を入れる。
(3) Sydney は固有名詞なので冠詞は不要。for the first time「はじめて」は連語。first のような序数の前にはふつう the がつく。
(4) go to bed で「寝る」という意味の連語。ものを表す単語でも, その目的や機能などを意味する場合は, しばしば無冠詞になる。
(5) この文の「1本のペン」は, まだ特定されていないので a を入れる。「机」は, ここでは状況からどの机かが特定されていると考えられるので, the を入れる。

3 (1) tea, water などの数えられないものを, cup や glass などの器を表す語を使って数えることがある。a cup of tea で「（カップ）1杯のお茶」の意味。
(2) once a month は「月に1度」の意味。この a は「～につき」という意味。
(3) この a little は「少しの」の意味。「少しの英語を話す」⇒「英語を少し話す」と考える。
(4) listen to the radio で「ラジオを聴く」の意味。この the は「その」とは訳さない。

完成問題　　　　　　　　　　　　P.67

1. (1) had much　(2) don't, any
   (3) two pieces〔sheets〕of　(4) a lot of
2. (1) Is she good at playing the piano?
   (2) Please give me another glass of water.
   (3) Ken will be back in a few minutes.
   (4) I went to school by bus yesterday.
3. (1) He is famous all over the world.
   (2) I have some〔a few〕balls in my bag.
   または There are some〔a few〕balls in my bag.

---

1 (1) 「雪がたくさん降った」⇒「たくさんの雪を持った」と考え,「たくさんの」を意味する形容詞を使う。snow は数えられない名詞。
(2) have no ～「少しも〔1つも〕～を持っていない」は don't have any ～で書きかえられる。
(3) paper（紙）は数えられない名詞。「1枚の紙」は a piece of paper。複数の場合は two pieces of paper のようにする。
(4) much, many はどちらも a lot of で書きかえられる。a lot of は肯定文でよく使われる。

2 (1) 「（楽器を）ひく」というときは play the piano のように, ふつう楽器名の前に the をつける。「～がじょうずだ, ～が得意だ」は be good at ～を使う。
(2) 「1杯の水」は a glass of water だが,「もう1杯の水」は, another「もう1つの, 別の」を使って, another glass of water とする。
(3) 「数分」は minutes の前に a few「少しの」をつけて表す。minute「分」は数えられる名詞。「～分で, ～分後に」のように時の経過を表すときは, 前置詞は in を使う。
(4) 「バスで」は by bus。bus は無冠詞。

3 (1) 「世界中で」は連語 all over the world で表す。world にはふつう the をつける。

17

17 注意すべき代名詞

1 (1) イ　(2) エ　(3) ウ
2 (1) It　(2) another
　(3) something white　(4) one
　(5) others　(6) all
3 (1) (距離は) どのくらいありますか
　(2) だれもがみな幸せに
　(3) 彼らは 2 人ともアメリカに
　(4) 子どもたちのそれぞれにカードを

1 (1) 後ろの student が単数形なので Every 以
　外は不可。
　(2) help 〜self to …で「…を自分で自由に取っ
　て食べる〔飲む〕」の意味の連語。〜self は再
　帰代名詞。
　(3) One is 〜 , and the other is …. で「(2 つ
　のうち) 1 つは〜で, もう 1 つは…」の意味。
2 (1) 前の文の a new book (3 人称単数のもの)
　を受けるので It が入る。
　(2) 同種のものを「もう 1 つ」と言うときは
　another を使う。
　(3)「何か〜なもの」は〈something ＋形容詞〉
　の語順で表す。〜thing の形の代名詞を修飾
　する形容詞は後ろに置く。
　(4) one は, すでに話題に出た数えられる名詞
　(ここでは bag) のくり返しを避けるために
　使われる。この one には形容詞などがつくこ
　ともある。
　(5) other は無冠詞・複数形で「他人, ほかの
　人々」の意味を表すことがある。
　(6)「すべて」は all。この all は代名詞。all of の
　あとには数えられない名詞もくる。
3 (1) この文の it は, 距離・時・天候・明暗な
　どを表すときに主語として使う代名詞で, ふ
　つう訳さない。How far is it 〜? は距離をた
　ずねるときの言い方。
　(2) everyone は「だれもがみな」の意味。この
　文の be は「〜になる」の意味を表す。
　(3) both of 〜で「〜の両方とも, 2 人とも」の
　意味。
　(4) each は,「それぞれの」の意味で形容詞とし
　て使うだけでなく, 代名詞として「それぞれ」

の意味でも使う。この場合, each of 〜「〜の
それぞれ」の形でよく使う。

1 (1) It　(2) nothing　(3) myself
　(4) something to
2 (1) This camera is nicer than that one.
　(2) Do you know anything interesting to
　read?
　(3) Some of them are from Canada.
　(4) I think we should help each other.
3 (1) Each student wrote a letter to him.
　(2) It is〔It's〕very cold today.

1 (1)「雨が降る」の意味を, 天候を表す it を主
　語にして書きかえる。どちらの表現も使える
　ようにしておこう。
　(2) not ＋ any ＝ no なので, don't have anything
　は have nothing と書きかえられる。「私はこ
　の箱の中に何も持っていません〔この箱の中
　には何もありません〕」という意味。
　(3) have a good time「楽しく過ごす, 楽しむ」
　は enjoy 〜self に書きかえられる。主語が I
　なので, 〜self の部分は myself にする。
　(4) some food「(いくらかの) 食べ物」⇒「何か
　食べるためのもの」と考えて,〈something
　＋不定詞〉を使って書きかえる。
2 (1) 代名詞 one の使い方がポイント。「このカ
　メラ」を this camera,「あのカメラ」を that
　one (＝ that camera) にする。この one は名
　詞のくり返しを避けるための代名詞。
　(2)「読み物」は「何か読むもの」と考えて,
　anything to read で表す。形容詞 interesting
　は anything のあとに置く。
　(3)「彼らの何人か」を some of them で表す。
　(4)「おたがい」は連語 each other で表す。
　help each other で「おたがいを助ける」⇒「お
　たがいに助け合う」の意味。
3 (1) 主語は each student。each のあとの名詞
　は単数形になることに注意。「彼に手紙を書
　いた」は wrote him a letter としてもよい。
　(2) 寒暖を表すときは, 主語に it を使う。

18 比較の文

18　比較の文

18　比較の文

発展問題 P.74

[1] (1) oldest　(2) more popular
(3) earlier　(4) most interesting
(5) longest　(6) better
(7) largest　(8) hotter

[2] (1) newer than　(2) as fast as
(3) the most difficult
(4) Which, heavier, or
(5) one of, largest〔biggest〕cities

[3] (1) 彼のクラスのほかのどの男の子よりも
(2) どんな音楽がいちばん好きですか
(3) ますます小さくなってきています
(4) 私の兄〔弟〕ほど忙しくありません

[1] 比較級・最上級のどちらにするかは, 前後をよく見れば判断できる。後ろに than ~「~より」がある場合は比較級。前に the があり, 後ろに in ~, of ~などの範囲を表す語句がある場合は最上級。
(1) 最上級。語尾に est をつける。
(2) 比較級。前に more をつける。
(3) 比較級。〈子音字 + y〉で終わる語は, y を i にかえて er をつける。
(4) 最上級。前に most をつける。
(5) 最上級。語尾に est をつける。the Shinano は「信濃川」の意味。
(6) 比較級。well は better, best と変化する。
(7) 最上級。e で終わる語は, st をつける。
(8) 比較級。〈短母音 + 1字の子音字〉で終わる語は, 語尾の子音字を重ねて er をつける。

[2] (1) new の比較級を使った文にする。
(2) 「…と同じくらい~」は as ~ as …で表す。~は形容詞・副詞の原級。
(3) difficult は most をつけて最上級にする。
(4) 「A と B では, どちらのほうが(より)~か」は〈Which is + 比較級, A or B?〉で表す。
(5) 「最も~な…のうちの1つ」は〈one of the + 最上級 + 複数名詞〉で表す。

[3] (1) 〈比較級 + than any other + 名詞の単数形〉は「ほかのどの…よりも~」という意味で, 最上級と同じ内容を表す。この文は Jim is the tallest boy in his class. とも表せる。

(2) like ~ the best は「~がいちばん好き」の意味。
(3) 〈比較級 + and + 比較級〉で「ますます~, だんだん~」の意味。〈get + 形容詞〉は「~になる」。
(4) not as ~ as …で「…ほど~でない」の意味。

完成問題 P.75

[1] (1) younger than
(2) more difficult than
(3) larger than, other lake
(4) doesn't, hard as

[2] (1) She is one of the most popular singers in America.
(2) This bridge is as long as that one.
(3) My sister likes blue better than red.
(4) Bob is the kindest of the four.

[3] (1) My computer is smaller than yours.
(2) February is the shortest of all the months.

[1] (1) 「A は B より高齢だ」⇒「B は A より若い」と書きかえる。
(2) 「A は B よりかんたんだ」⇒「B は A よりむずかしい」と書きかえる。
(3) 「いちばん大きい湖」(最上級の文)⇒「ほかのどの湖よりも大きい」(比較級の文)
(4) 「A は B より熱心に~する」⇒「B は A ほど熱心に~しない」と書きかえる。〈not as + 原級 + as …〉の形を使う。

[2] (1) 「最も~な…のうちの1人」は〈one of the + 最上級 + 複数名詞〉で表す。
(2) 「…と同じくらい~」は as ~ as …。
(3) 「…より~が好き」は like ~ better than …。
(4) 「4人の中で」は of the four とする。「~の中で」と比較の範囲を表すとき, 後ろに複数を表す語句がくるときは of を, 範囲・場所を表す単数形の語句がくるときは in を使う。

[3] (1) 比較の文。small の比較級は smaller。
(2) 「すべての月」は all the months(複数)なので, 「~の中で」は in ではなく of を使う。

19

① (1) ウ (2) ア (3) エ (4) ア
② (1) If I were, wouldn't (2) wish he could
  (3) If, were, could (4) had, would you do
  (5) wish, had, could fly
③ (1) (きょうが) 日曜日ならなあ (。)
  (2) もし (トムが) ここにいたら (, 彼は) 私
   たちを助けてくれるだろうに (。)
  (3) (私に) あなたと話す時間がもっとあれ
   ばなあ (。)
  (4) もし (あなたが総理大臣) だったら (,)
   あなたは何をしますか (。)

① (1) 「～なら (いいのに) なあ」という現在の事
  実とは異なる願望は〈I wish + 主語 + 動詞の
  過去形….〉の形で表す。
  (2) if に続く文で動詞の過去形を使って, 現在
  の事実とは異なることを表す。If I were you
  で「もし私があなたなら」の意味。
  (3) 〈I wish + 主語 + 助動詞の過去形 + 動詞の原
  形….〉で表す。
  (4) What would you want to ～? で「何を～し
  たいですか」という意味。
② (1) 仮定法では主語の人称に関係なくbe 動詞
  は were を使う。口語では was も可。
  (2) 仮定法が用いられる表現で, 「～なら (いいの
  に) なあ」と言うときには I wish ～. を使う。
  (3) 「聴くことができるのに」は would でなく could
  を使う。口語では were ではなく was も可。
  (4) 「100万円持っていたら」という仮定法の文では,
  動詞はhadを使う。if ～,のあとは疑問文にする。
  (5) 最初の文がI wish で始まる仮定法の文なので,
  Then で始まる2番目の文も仮定法の文にする。
③ (1) 〈I wish + 主語 + 動詞の過去形….〉の形な
  ので仮定法の文だということがわかる。
  (2) 〈If + 主語 + 動詞の過去形…, 主語 + would + 動
  詞の原形….〉の形で表されている仮定法の文。
  (3) more time to talk with you で「あなたと話
  すより多くの時間」という意味。仮定法の文な
  ので, 実際には現在, あなたと話すための
  時間があまりないことを表す。
  (4) If you were ～で「もしあなたが～だったら」

という現在の事実とは異なることを表す。

① (1) If, had, could (2) If, had, could
  (3) If, were not, would
  (4) wish, had, could
② (1) I wish I could talk with my cat.
  (2) If it weren't raining today, I would go
   fishing.
  (3) I wish there weren't any sick people in
   the world.
  (4) What would you say if you could speak
   to the you of five years ago?
③ (1) I wish I could see my future.
  (2) If I were〔was〕a bird, I could fly to you.

① (1) 「～を持っていないので, …できない」を
  「～を持っていたら, …することができるの
  に」という文に書きかえる。
  (2) 「～がない, それで…できない」を「～があっ
  たら, …することができるのに」の文に。
  (3) 「きょうが月曜日でなければ, 図書館は開い
  ているのに」という文に書きかえる。
  (4) 「タイムマシーンを持っていたらなあ」と
  「そうなら過去に戻れるのに」という2文に
  書きかえる。2文とも仮定法の文になる。
② (1) 語群の中に wish があるので〈I wish + 主
  語 + (助) 動詞の過去形….〉の形にする。
  (2) 語群の中にweren'tがあるので, If it weren't
  rainingで始まる仮定法の文にする。weren't
  rainingは〈be動詞 + ～ing〉の進行形の形。
  (3) I wishで始まる仮定法の文にするのでthere
  weren't (＝were not) と動詞は過去形。
  (4) What would you ～ if you could…? 「もし
  …できたら, 何を～しますか」の形の仮定法の
  文にする。if ～が文の後ろにくることもある。
  the you of five years ago は「5年前のあな
  た」の意味を表す。
③ (1) 〈I wish + 主語 + 助動詞の過去形 + 動詞の
  原形….〉の仮定法の文にする。
  (2) 〈If + 主語 + 動詞の過去形…, 主語 + could +
  動詞の原形….〉の仮定法の文にする。

発展問題　　　　　　　　　　　　　P.82

1　(1) エ　　(2) ウ　　(3) イ　　(4) ア
2　(1) what this is　　(2) who wrote
　　(3) helped Jim wash　　(4) why she goes
　　(5) made her clean
3　(1) 私たちといっしょに来るつもりですね
　　(2) あなたのお姉さん〔妹さん〕が何歳か
　　(3) 散歩しましょうよ
　　(4) 私が手に何を持っていると思いますか

1　(1) be 動詞の肯定文なので, 付加疑問は〈be 動詞の否定の短縮形＋主語を代名詞にしたもの?〉の形になる。主語は You and Jack なので, 代名詞は you（あなたたちは）にする。
　　(2) 間接疑問は〈疑問詞＋主語＋動詞…〉の語順。間接疑問の部分は過去。「私たちは, きのうどこでアンがタロウに会ったのか知りません」
　　(3) 「3 時に」と時刻を答えているので, when を選ぶ。「あなたは彼らがいつ到着するか知っていますか」
　　(4) 〈Let me know ～.〉で「私に～を知らせてください」の意味を表す。
2　(1) What is this? を間接疑問にしたものが, 動詞 know の目的語になる。
　　(2) Who wrote this letter? を間接疑問にしたものが tell の 2 つ目の目的語になる。疑問詞が主語の疑問文は, 間接疑問になっても同じ語順。
　　(3) 「人が～するのを手伝う」は〈help＋人＋動詞の原形〉で表す。
　　(4) Why does she go ～? を間接疑問にする。does がなくなり, 動詞は 3 人称単数現在形になる。
　　(5) 「（強制的に）人に～させる」は〈make＋人＋動詞の原形〉で表す。
3　(1) 助動詞がある文には助動詞の付加疑問をつける。「～するつもりですね」の意味。
　　(2) how 以下が間接疑問。How old is your sister? がもとになる疑問文。
　　(3) 文末の shall we? は Let's ～. の付加疑問。「～しましょうよ」の意味。take a walk は「散歩する」という意味の連語。
　　(4) 特殊な間接疑問。「私が手に何を持っている

かわかりますか」なら Do you know what I have in my hand? だが, do you think の場合は疑問詞が文頭にくる。

完成問題　　　　　　　　　　　　　P.83

1　(1) what you mean　　(2) doesn't he
　　(3) helped Mike cook
　　(4) how she comes
2　(1) I don't know who that woman is.
　　(2) He always makes everyone laugh a lot.
　　(3) Can you guess what is in this box?
　　(4) Please tell me when they will leave Japan.
3　(1) Let me introduce myself.
　　(2) I don't know where he lives.

1　(1) I don't know のあとに, What do you mean? を間接疑問にして続ける。
　　(2) 肯定文には否定形の付加疑問をつける。また, 付加疑問では代名詞を使うことにも注意しよう。wants ⇒ doesn't, Tom ⇒ he
　　(3) 〈help＋人＋動詞の原形〉の形を使って書きかえる。
　　(4) How does she come to school? を間接疑問にする。〈疑問詞＋主語＋動詞…〉の形にするとき, 動詞 come に 3 人称単数の s をつけることを忘れないように。
2　(1) 間接疑問の語順に注意しよう。who that woman is となる。
　　(2) 「みんなを大笑いさせる」は〈make＋人＋動詞の原形〉の形で表す。laugh a lot で「大笑いする」の意味。
　　(3) guess「推測する」の目的語を間接疑問にする。what is in this box となる。
　　(4) 〈tell＋人＋もの〉「人にものを教える」の「もの」の部分を間接疑問にする。
3　(1) 「私に～させてください」は Let me ～. で表す。問題文は初対面のときなどによく使われる表現。
　　(2) まず, Where does he live?「彼はどこに住んでいますか」という文を考え, これを間接疑問にして, I don't know のあとに続ける。

1 (1) ア (2) イ (3) エ (4) ウ
2 (1) Stand up (2) No one
(3) Practice, and (4) Let's watch
(5) Be quiet
3 (1) あなた (のこと) をけっして忘れません
(2) なんて速く走るのでしょう
(3) に (どうか) さわらないでください
(4) ほとんどの人がその問題について

1 (1) 〈Please +動詞の原形〜.〉の形のややていねいな命令文。「(どうか)私にあなたのノートを見せてください」
(2) 文末に！があるので感嘆文。How か What かだが, 後ろに〈an +形容詞+名詞〉の形がきているので, What を選ぶ。「これはなんておもしろい物語なんでしょう」
(3) 〈Don't +動詞の原形….〉の形の否定の命令文。文頭の〈Robert,〉は呼びかけ。「ロバート, そんなことを言ってはいけません」
(4) 命令文のあとに and … (そうすれば…) がくるか or …(さもないと…)がくるかの選択。「よく眠りなさい, さもないと病気になるかもしれません」とする。

2 (1) 一般動詞の命令文。動詞の原形で始める。
(2) no one を主語にすると「だれも〜ない」という意味になる。not なしで否定の意味を表す文になる。
(3) 「〜しなさい, そうすれば…」なので, 命令文のあとに and … を続ける。be able to は「〜することができる」の意味。
(4) 「〜しましょう」は〈Let's +動詞の原形….〉で表す。
(5) 形容詞 quiet「静かな」を使い, be 動詞の命令文にする。〈Be +形容詞….〉の形になる。

3 (1) never は強い否定を表す副詞。
(2) この fast は「速く」の意味の副詞。〈How +副詞+主語+動詞!〉の感嘆文。
(3) please を使った, ややていねいな否定の命令文。「(どうか) 〜しないでください」
(4) 主語の名詞の前に few がつくと「ほとんどの…が〜ない」という否定的な意味の文にな

る。ここでは主語が few people なので,「ほとんどの人が〜ない」になる。この意味の few には a をつけない。

1 (1) Don't〔Never〕throw (2) or
(3) Let's sing (4) How big
(5) Please come
(6) nothing interesting
2 (1) Be a person who can think of others.
(2) Some children have no homes in the country.
(3) What a good swimmer he is!
3 (1) Please make lunch for me.
(2) Don't use this computer.

1 (1) mustn't 「〜してはいけない」の文を否定の命令文に書きかえる。
(2) 「(もし)〜ならば, …」を, 命令文を使って〈命令文, or ….〉「〜しなさい, さもないと…」の形に書きかえる。
(3) Shall we 〜?「〜しましょうか」を Let's 〜.「〜しましょう」で書きかえる。
(4) 感嘆文の書きかえ。〈What a +形容詞+名詞+主語+動詞!〉を〈How +形容詞+主語+動詞!〉の形に書きかえる。
(5) 依頼を表す Will you 〜?「〜してくれませんか」をていねいな命令文に書きかえる。
(6) not anything を nothing に書きかえる。interesting は〜thing を後ろから修飾する。「この本にはおもしろいことは何もない」

2 (1) 「…人になりなさい」を, be 動詞の命令文 Be a person ….. で表す。そして, 関係代名詞 who の節で person を修飾する。
(2) 「家のない」という否定の意味は have no homes で表す。「〜子どもたちもいます」は Some children 〜. で表す。
(3) 「なんて泳ぐのがじょうずな人なんでしょう」と考え, what の感嘆文で表す。

3 (1) please を使ったややていねいな命令文。
(2) 「〜しないで」は否定の命令文で表す。

22　長文読解問題

実戦問題 ①　　　　　　　　　　　　　　P.90

問1　①　エ　　②　ウ　　③　ア
問2　一生懸命努力している友だちといっしょのとき，特に，彼らとつらい時期を共に過ごしたことがあれば，きみも一生懸命努力できます。
問3　(Yumi) was very happy to know what to (say at the next meeting.)

問1　①　直前の「いっしょに練習する必要はない」と，直後の「ぼくは泳ぎたいときに泳ぐ」から判断する。
　　②　「いっしょに練習することが大切だと思ったが，その理由は説明できなかった」とする。
　　③　「兄に意見を求めた」とする。ask ～ for … で「～に…を求める」の意味。
問2　下線部④の意味は「ポイント〔要点〕はこういうことです」。直後の文がそのポイント〔要点〕の内容になる。
問3　was very happy to know ～「～を知ることができてとてもうれしかった」の形にする。to know は感情の原因を表す不定詞。また，what to say …「…何を言うべきか」を know の目的語にする。

全　訳

　由美は水泳部の部長になりました。7月のある日，水泳部の顧問の加藤先生が彼女に「きょうの放課後，夏休みの間の練習計画を作ってくれますか。ほかのメンバーといっしょに作ってもいいですよ」と言いました。
　放課後，彼女はほかのメンバーと話すためにミーティングをしました。由美は「夏休みの間はいつ練習しましょうか」とたずねました。クラブのメンバーのひとりの健太が「いっしょに練習する必要はないよ。ほかのメンバーといっしょでなくてもぼくは泳げる。だからぼくは泳ぎたいときに泳ぐよ」と言いました。ほかのメンバーの何人かも賛成しました。由美はしばらく黙っていました。彼女はいっしょに練習することが大切だと思いましたが，その理由を説明できませんでした。それから彼女は健太に「考える時間をください」

と言いました。
　由美は加藤先生とまた話しました。先生は「きみのお兄さんの直樹と話してみたらどうだい。彼はうちのクラブのキャプテンをやっていたのだから，きみがどうしたらよいかわかるかもしれないよ」と言いました。
　その日の晩，由美は直樹に意見を聞きました。彼はこう言いました。「ぼくが中学生のとき，一度ひとりで練習したことがあった。そのときあまり熱心に練習できなかった。何かが欠けていると思ったんだ。それが何なのかはそのときはわからなかった。でも次の日，クラブのメンバーと練習しているとき，わかったんだ」　由美は「ああ，一生懸命練習するには彼らが必要だったのね。そうでしょ？」と言いました。直樹はほほえんで言いました。「そのとおりだよ。由美，要するにこういうことなんだ。一生懸命努力している友だちといっしょのときは，特に，彼らとつらい時期を共に過ごしたことがあれば，一生懸命努力できるんだ」　由美は次のミーティングで何を話せばよいかわかったので，とてもうれしく思いました。彼女は直樹に「メンバーたちにいっしょに練習するように言うわ」と言いました。

語句・表現

▶ Mr. Kato, the swimming club adviser：Mr. Kato と the swimming club adviser は同格。
▶ When shall we ～?：「いつ（私たちたちは）～しましょうか」
▶ don't have to ～：「～する必要がない」
▶ for a while：「しばらくの間」
▶ time to think：「考える（ための）時間」
▶ He may know：「彼は知っているかもしれない」この may は推量を表す助動詞。
▶ what you should do：「あなたが何をするべきか」　間接疑問文。
▶ On the evening of ～：「～の晩に」　特定の日の晩なので，前置詞は on を使っている。一般的に「晩に」は in the evening と in を使う。
▶ there was something missing：「欠けている何かがあった」　missing「欠けている」は形容詞で，前の something を後ろから修飾している。
▶ I got it.：「わかった」　got は get「理解する，

わかる」の過去形。

▶with a smile：「ほほえんで」

▶especially if ～：「特に～ならば」

実戦問題 ②	P.90～91

問1 青葉コンピュータ社への行き方。

問2 How long does it take（?）

問3 Where are you from?

問4 ④ ア　　⑤ イ

問1 瞳が話しかけると男性は「私は青葉コンピュータ社へ行きたいのです。その会社への道を教えてくれますか」と答えた。

問2 この take は「（時間が）かかる」という意味。How long does it take? で「どのくらい（時間が）かかりますか」。

問3 「私はインドの出身です」と答えているので，出身をたずねる文を考える。

（別解）Where do you come from?

問4 ④は瞳が「いつかあなたの国を訪ねてみたいです」と言ったことへの応答。I'm glad ～.「～ということがうれしい」の意味。⑤は男性の Thank you very much. に対する応答。

全 訳

ある日のこと，瞳は駅で手に大きなバッグを持った男の人を見かけました。その人は英語で人々に何かを言っていました。でも，彼らは日本語で「英語では説明できないよ」と言って，歩いて行ってしまいました。

瞳は少し気の毒になりました。彼女は彼を助けたいと思いました。それで彼に「失礼ですが，何かお困りですか」と言いました。

「ええ」とその男の人は言いました。「私は青葉コンピュータ社へ行きたいのです。その会社への道を教えていただけませんか。どこにあるかごぞんじですか」

「あら，私の家の近くです」と瞳は答えました。「いっしょに来てください」

彼らはその会社へと歩き始めました。「どのくらいかかりますか」と彼はたずねました。

「約10分です。あなたはどちらの出身ですか」

と瞳はたずねました。

「インドです」

「訪問の目的は何ですか」

「その会社のために新しいソフトウェアを作ることです」

「うわあ！　あなたはコンピュータソフトのエンジニアなんですね。私は学校でコンピュータの使い方を習っていて，コンピュータが好きです。インドにはコンピュータのエンジニアは多いのですか」と彼女はたずねました。

「ええ。情報技術産業は私の国では大変重要です。大都市の若者はコンピュータを大変熱心に勉強しています。多くの優秀なエンジニアがインドやほかの国々で働いています。青葉コンピュータ社は私に日本に来ることを希望したのです」

「それはすごいですね。あなたの国についてもっと話してください」

「いいですよ。インドには18の主要言語があるのを知っていますか」

「18の主要言語ですか」　瞳は驚きました。

「ほかにも数百の言語があります。ですからお互いに話をするための共通言語が必要なのです。一般には英語が使われます。私はヒンディー語と英語を話します」

「英語がインドでそんなに有用だとは知りませんでした。いつかあなたの国を訪ねてみたいです」

「私の国に興味を持ってもらえてうれしいです」と彼は言いました。

彼らが会社に到着すると，彼は瞳に「ご親切に，どうもありがとうございました」と言いました。

彼女はほほえんで「どういたしまして。よい一日を」と言いました。

語句・表現

▶walk away：「歩き去る」

▶be in trouble：「困っている」

▶Would you tell me the way to ～?：「～への道を教えていただけますか」　Would you ～? はていねいな依頼。

▶What's the purpose of ～?：「～の目的は何ですか」

▶〈want + 人 + to ～〉：「人に～してほしい」

▶hundreds of ～：「数百の～」

1　(1) ウ　　(2) イ
　　(3) エ　　(4) ア
2　(1) took us, get
　　(2) surprised to hear
　　(3) have been, for
　　(4) Work harder, and
3　(1) イ　　(2) エ
　　(3) ア　　(4) ウ
　　(5) ウ　　(6) ア
4　(1) borrowed
　　(2) earlier
　　(3) drinking
　　(4) done
5　(1) sung
　　(2) twelfth
　　(3) オ → ウ → イ → ア → エ
　　(4) エ → イ → ア → オ → ウ
　　(5) イ → オ → エ → ウ → ア
6　(1) ウ　is learning
　　(2) エ　very excited
　　(3) ウ　It has been
　　(4) エ　of
7　問1　exchanging
　　問2　② ウ　④ イ　⑥ ア
　　問3　It's a lot of fun to
　　問4　Love everything that has life

1　(1) windows までがこの文の主語。with large windows が That house を修飾している。「大きな窓のあるあの家は10年前に建てられた」という意味の文にする。受け身は〈be 動詞＋過去分詞〉で表すが, 主語が単数の house で, ten years ago「10年前」とあるので, be 動詞は過去形 was を使う。

　　(2) 形容詞の最上級を使って〈the ＋最上級＋ of …〉「…の中でいちばん〜」とする。young の最上級は youngest。「ヨシオには2人の兄弟がおり, ヨシオが3人の中でいちばん年下です」

　　(3) a shirt を後ろから修飾して「インドで作られたシャツ」とする。「〜された」は過去分詞で表す。make の過去分詞 made が正解。「祖

父は私にインドで作られたシャツを送ってくれました」

　　(4) 空所の直前の by は前置詞で, ここでは「〜によって」という意味を表す。あとには名詞・代名詞・動名詞がくる。talk の動名詞 talking が正解。「私たちはたくさんの人々と話すことによって新しい考えを得ることができます」

2　(1) 上の文の in an hour は「1時間後に」という意味なので, 「私たちは1時間後に野球場に到着しました」になる。〈It takes ＋人＋時間＋ to 〜.〉「人が〜するのに(時間)がかかる」という形の文に書きかえる。arrive at 〜「〜に到着する」は get to 〜とする。「私たちが野球場に到着するのに1時間かかりました」となる。

　　(2) 上の文は「私たちは彼らの結婚の知らせを聞き, それは私たちを驚かせた」の意味。感情の原因を表す不定詞を使い, 〈主語＋ be 動詞＋形容詞＋ to 〜.〉の形の文に書きかえる。「私たちは彼らの結婚の知らせを聞いて驚きました」となる。

　　(3) 現在完了の継続用法の問題。上の文は「私がこの学校で教え始めて10年以上だ」の意味。「私は10年以上, この学校で先生をしています」という現在完了の継続用法の文に書きかえる。

　　(4) 「入試に成功したいのなら一生懸命勉強しなければなりません」と同じ内容にするには, 〈命令文, and ….〉「〜しなさい。そうすれば…」を使って, 「一生懸命勉強しなさい。そうすれば入試に合格しますよ」という文に書きかえる。

3　(1) 空所の直後の to 〜は不定詞の名詞的用法。主語 My dream が単数で, あとに続く文の動詞 like が現在形であることから be 動詞 is を入れる。「動物が好きなので私の夢は動物園で働くことです」

　　(2) 空所の前には the, 後ろには of all animals in the world とあるため, 最上級の文〈the 〜est ＋ of …〉「…の中でいちばん〜」だと判断する。「私は世界中の動物の中でパンダが

いちばんかわいいと思います」

(3) can の後ろには動詞の原形を置くため see を入れる。「私たちは日本の上野動物園でそれら（＝パンダ）を見ることができます」

(4) spend time で「時間を過ごす」という意味になる。to spend time ～は，目的を表す不定詞の副詞的用法。「いつか私はそれら（＝パンダ）といっしょに時間を過ごすためにそこ（＝中国）へ行き，パンダについて学びたいです」

(5) 現在完了の〈have〔has〕been to ～〉で「～に行ったことがある」という意味を表す。never がつくと「一度も～に行ったことがない」という意味になる。「私は一度も中国に行ったことがありません」

(6) 空所の後ろは this summer vacation「今年の夏休み」なので，期間を表す前置詞を置く。during ～「（特定の期間）の間じゅう（ずっと）」が正解。while も「～の間」の意味だが，接続詞なので後ろには文の形がくる。「だから私は今年の夏休みに中国語を勉強するつもりです」

④ (1) A は『沖縄料理の歴史』という本を探しており，その発言からその場所が図書館か書店であることがわかる。空所の前が someone「だれか」で，あとが the book なので，someone を主語，the book を目的語とする動詞 borrow「借りる」を選ぶ。yesterday「きのう」があるので過去形 borrowed とする。

　A：すみません。本を探しているのですが。書名は『沖縄料理の歴史』です。

　B：少しお待ちください。…ええと，その本はきのうだれかが借りていますね。

　A：わかりました。ありがとうございます。

(2) 空所の後ろに than が置かれていることから比較の文だとわかる。「きょう私はいつもより30分（　　）起きるようにしました」という内容に合うようにするには early「早く」の比較級 earlier を入れる。

　A：おお，きょうはサッカーの練習に遅れなかったね！

　B：きょうはいつもより30分早く起きようとしました。

　A：いいぞ！練習を始めよう！

(3) baby と milk の間に空所があることから，「ミルクを飲んでいる赤ちゃん」とすれば文意が通る。drink の現在分詞 drinking が baby を後ろから修飾する形にする。

　A：何をしているの，パパ？

　B：この写真の中のミルクを飲んでいるこの赤ちゃんを見てごらん。

　A：わあ！それって私ね。とってもかわいい！

(4) 〈Have ＋主語＋過去分詞…?〉で現在完了の疑問文をつくる。do one's homework で「宿題をする」という意味なので，do の過去分詞である done を入れる。

　A：きょうはどこへ行ったの？

　B：買い物に行って，映画を見たよ。

　A：そうなの。でも宿題はしたの？

⑤ (1) 現在完了の疑問文にする。現在完了の疑問文は〈Have〔Has〕＋主語＋過去分詞…?〉で表す。sing の過去分詞は sung。ever は「いままでに」の意味で，現在完了の経験用法の文でよく使われる。

　A：あなたはいままでに英語の歌を歌ったことがありますか。

　B：はい，あります。

(2) B が「12月です」と答えているので，「12番目の月」となるように twelve の形を変える。「12番目の」は twelfth。

　A：英語で1年の12番目の月の名前は何ですか。

　B：12月です。

(3) don't have to ～「～する必要はない」，wait for ～「～を待つ」を組み合わせて，don't have to wait for him「彼を待つ必要はない」とする。

　A：アンディが遅れているね。どうしようか。

　B：私たちは彼を待つ必要はないよ。心配しないで。彼は次の電車に間に合うから。

(4) than があるので比較の文だということがわかる。〈比較級＋ than …〉で「…よりも～」を表す。expensive の比較級は more expensive なので，more expensive than that one「あちらのよりも値段が高い」とする。that one

の one は不特定の同種のもの（この場合はか
ばん）をさす。
A：このかばんはどうですか。すてきな色で
すよ。
B：よさそうですね。でもあちらのより値段
が高いですね。
(5) 間接疑問では〈疑問詞＋主語＋動詞〉の語順
になる。Could you tell me ～? で「～を私に
教えていただけませんか」を表す。～は tell
の２つ目の目的語で，間接疑問の where the
museum is「博物館はどこにあるか」がくる。
A：博物館はどこにあるか教えていただけま
せんか。
B：すみませんが，私はこの辺りに住んでい
ないので，あなたのお役に立つことがで
きません。
6 (1) things から are であると間違えやすいが，
〈One of the ＋複数名詞〉は単数扱いなので，
それを受ける be 動詞は is である。happy
with ～は「～に満足した」の意味。
訳：私は英語の授業にとても満足しています。
いいことの１つは外国の人々や文化につ
いて学ぶことです。
(2)「（ものごとが）興奮させる，わくわくさせる」
は exciting だが，「（人が）興奮した，わくわ
くした」は excited となる。「私は試合を見て
いるときとても興奮した」という意味なので
excited とする。most of ～は「～の大部分」，
not only A but also B は「A だけではなく B
も（また）」の意味。
訳：大部分の友だちは野球よりもサッカーの
ほうが好きですが，私は野球のほうが好
きです。私は野球をするだけではなく，
野球場で試合を見るのも好きです。この
前の日曜日，マリーンズとライオンズの
試合を見ているときとても興奮しまし
た。
(3) since last week「先週以来」があることから，
この文は過去から現在までの継続の意味を
表す現在完了だとわかる。現在完了は〈have
〔has〕＋過去分詞〉なので，be 動詞の過去分
詞 been を使って It has been とする。

訳：私はたいてい歩いて通学しますが，今週
はバスに乗って行きます。先週からとて
も寒いです。私は寒い天気のときは歩き
たくありません。
(4) 最上級の場合，in〔of〕～で比較の範囲・対
象を表すことが多いが，ふつう～にくる語が
複数の場合は of を使う。
訳：トシは運動会のリレーチームのメンバー
に選ばれました。私たちは，彼が39人の
同級生の中でいちばん速い走者である
（＝いちばん走るのが速い）ことを知っ
ていました。
7 問1 enjoy ～ing で「～することを楽しむ，
～して楽しむ」の意味。enjoy は動名詞を目
的語にする。
問2 ② make A B「A を B にする」の文にする
（A ＝ my English, B ＝ better and better）。
空所の前の writing e-mail「E メールを書
くこと」（動名詞の句）が makes の主語に
なっている。
④ because 以下の部分に着目。「その漫画本
は英語で書かれているから，言葉について
心配する必要はない」という意味にする。
「～する必要はない」は don't have to ～で
表す。
⑥ 直前の What do you think?「きみはどう
思う？」に着目。「彼（手塚治虫）の考えに
ついてきみの意見を教えてください」とい
う意味にする。「意見」は opinion。
問3 It is … to ～.「～することは…である」
の形にする。
問4 関係代名詞 that を使い，that has life が
後ろから everything を修飾する形にする。

全訳

こんにちは，ボブ！きみはいつもＥメールで新しいことを教えてくれるから，きみとＥメールを交換するのを楽しんでいるよ。英語はぼくにとってそんなにかんたんではないけど，Ｅメールを書くことでぼくは英語がだんだんじょうずになっているんだ。最近ぼくは英語で書かれたかんたんで短い話を読み始めたよ。英語を読むのはとても楽しいよ。

ところで，きみは来週15歳になるよね。お誕生日おめでとう！きのうきみに誕生日プレゼントを買ったので，すぐに送るつもりだよ。日本人の漫画家がかいた漫画本なんだ。でも言葉については心配しなくてもいいよ，その漫画本は英語でかかれているからね。

その漫画家は手塚治虫だよ。ぼくは彼の漫画の大ファンなんだ。人々は彼を「漫画の神様」と呼んでいる。彼は生涯に約15万ページをかいてたくさんの賞をもらったんだ。彼は1989年に亡くなったけど，彼の本はいまでも多くの人々に愛されている。手塚氏は「いのちをもっているものすべてを愛しなさい」と言った。ぼくは，これはぼくたちみんなにとってとても大切な考えだと思うんだ。きみはどう思う？彼の考えについてきみの意見を教えてください。

武

表現・語句

▶something new：「何か新しいこと〔もの〕」something を修飾する形容詞はあとに置かれる。

▶better and better：「だんだんじょうずに」〈比較級＋and＋比較級〉で「だんだん〜，ますます〜」という意味を表す。

▶recently：「最近，近ごろ」

▶easy short stories written in English：「英語で書かれたかんたんで短い話」written は過去分詞の形容詞的用法。

▶by the way：「ところで」

▶a comic book a Japanese cartoonist wrote：「日本人の漫画家がかいた漫画本」a Japanese cartoonist wrote が後ろから a comic book を修飾。

▶a big fan of his comics：「彼の漫画の大ファン」

▶call him "the God of Comics"：〈call A B〉で「A を B と呼ぶ」という意味を表す。

---

1 (ア) by

(イ) how

(ウ) and

(エ) hope

　　A　way of learning English

2 (1) イ　　(2) ウ

(3) ア　　(4) エ

3 (1) Who will speak

(2) How did he come

(3) Which do you

(4) How many hours has

(5) Why did you go

4 (1) been　　(2) taken

(3) wants　　(4) worst

5 (1) How long has he been talking with Meg?

(2) I helped him carry his heavy bag upstairs.

(3) If I knew her social media account, I would contact her.

(4) I'm glad that you found someone who makes you happy.

(5) She let her daughter go to sleep over with her friends.

6 問1　showed us how to grow

問2　C

問3　ア

問4　helping

問5　to share the rice with Carol

問6　ウ

---

1 (ア) スズキ先生のコメントに目を通すと，空所の後ろに watching が置かれている。空所の直前までの文は「私は映画で多くのよい表現を学びました」とあることから，「映画を見ることによって」とすれば文意が通る。この場合 watching は動名詞なので「〜によって」という意味を持つ前置詞 by を置く。

(イ) モリ先生のコメントでは，英語劇部に入っていたことがわかる。show my feelings in English は「英語で自分の感情を表す」という意味であり，その方法を学んだとなるように

空所に適語を入れればよい。how to 〜 で「〜のし方」の意味になるので how を入れる。

(ウ) ヤマダ先生は，他の国の友人と話すことが彼女にとっていい方法だったと述べている。both A and B で「A と B の両方」という意味なので，空所に and を入れれば「英語と彼らの国についてのことの両方を学んだ」となり，自然な文となる。

(エ) that 以下の文は「私たちも自分自身の方法を見つけることができます」という意味なので，記事の筆者の言葉として空所に hope を入れれば，「それを望む」という意味となり，自然である。I hope that 〜. で「〜であればいいと思う」という意味。

　A　記事全体から，先生3人はそれぞれの方法で英語を学んできたことがわかる。記事の最後から2文目は「どの先生にも自分自身の英語の学び方があります」という意味。そこから way of learning English を抜き出して　A　に入れれば「自分自身の英語の学び方を見つけよ！」という見出しとなり，記事全体の内容とも合う。

全　訳

「自分自身の英語の学び方を見つけよ！」

　先週私は，私たちの英語の先生と話して英語の学び方について質問しました。先生たちはどうやって英語を学んだのでしょう。

▶スズキ先生：私は映画を繰り返し見てたくさんのいい表現を学びました。映画が好きなら，英語で映画を見るのはとてもいい方法です。

▶モリ先生：私は学生のころ英語劇部に入っていました。部活動ではどうやって英語で自分の感情を表すかを学びました。

▶ヤマダ先生：他の国の友人と話をすることが私にとってのすばらしい方法でした。私は英語と彼らの国についてのことの両方を学びました。

　どの先生にも自分自身の英語の学び方があります。私たちも自分自身の方法を見つけることができればいいなと思います。

② (1) whose 〜 は「だれの〜」の意味で, 所有者をたずねるときに使う。〜は pencil の複数形 pencils なので, この文の主語には複数の意味を表す語がくる。

Whose pencils are those? 「あれらはだれのえんぴつですか」

(2) 助動詞の文の受け身にする。助動詞の文の受け身は〈助動詞 + be + 過去分詞〉の形になる。この文は疑問文で, 助動詞 can が主語 Mt. Fuji の前にきている。see の過去分詞は seen。be seen を選ぶ。

Can Mt. Fuji be seen from your classroom? 「富士山はあなたの教室から見られますか」

(3) 〈SVO + to 〜〉の文。この形の文を作る動詞は 4 つの中では tell の過去形の told だけ。〈tell A to 〜〉で「A に〜するように言う」の意味になる。

Mr. Suzuki told us to bring lunch this week. 「スズキ先生が今週は昼食を持ってくるようにと言いました」

(4) camera を先行詞とする関係代名詞の文。先行詞が「もの」なので, 関係代名詞 which を選ぶ。

This is a camera which is popular in Japan. 「これは日本で人気のあるカメラです」

③ (1) 下線部が Mr. Tanaka で続いて will があるので, 「だれが明日の開会式で話すのですか」という未来のことをたずねる文にする。疑問詞 Who を文頭に置き, will を続ける。Who がこの文の主語。

(2) 下線部は by train なので, 「彼はどのようにしてこの場所に来たのですか」と手段・方法をたずねる文にする。

(3) 下線部は coffee なので, 「紅茶とコーヒーでは, どちらが好きか」をたずねる文にする。Which do you like better, A or B? で「A と B, どちらが好きですか」の意味を表す。

(4) 「彼女は英語を 4 時間勉強しました」という現在完了の文なので, 「彼女は何時間英語を勉強しましたか」の意味になる現在完了の疑問文にする。How long 〜? とたずねる言い方もあるが, 空所の数と合わない。

(5) 「読む本を見つけたかったからそこに行きました」と理由を答えているので, 「なぜ図書館へ行きましたか」という理由をたずねる疑問文にする。

④ (1) 〈have〔has〕been to 〜〉で「〜に行ったことがある」の意味を表す。現在完了の経験用法。be の過去分詞 been を空所に入れる。once「1 回」は現在完了の経験用法の文でよく使われる。

A：私はアメリカに行きたいと思っています。
B：私の父は 1 度ニューヨークに行ったことがあります。
A：えっ, そうなんですか？あなたのお父さんに旅行のことについて聞きたいです。

(2) take a picture で「写真をとる」の意味を表す。「私の兄によってとられた写真」となるように形容詞的用法の過去分詞を使う。take の過去分詞 taken を空所に入れる。

A：この写真を見て。きみはどう思う？
B：すばらしい！
A：これはぼくの兄がとった写真なんだ。

(3) 空所の直後には to play がきているので, 不定詞を目的語にする動詞 want を選ぶ。主語の Who はふつう 3 人称単数扱いなので, s をつけて wants とする。

A：きょうの午後, だれがテニスをしたいと思っていますか。
B：サムとウェンディと私です！
A：わかりました。ラケットを持ってくるのを忘れないでね。じゃあまたあとで。

(4) 会話の内容から, 沖縄に台風が近づいていることがわかる。雨が激しく降っており, 風もだんだん強くなっている。形容詞の最上級を使って「7 年間で最悪の台風」を表す。bad「悪い」の最上級は worst。

A：もしもし, ミキです。みなさん, だいじょうぶですか。大きな台風が沖縄に近づいていると聞きました。
B：はい。いま雨が激しく降っていて, 風も強くなっています。
A：外に出たらだめですよ。この 7 年間で最悪の台風になるって, レポーターが言っ

ていました。

⑤ (1) 現在完了進行形の文。現在完了進行形は〈have〔has〕been＋～ing〉で表す。How long で始めて時間の長さを問う文にする。

(2) 「人が～するのを手伝う」は〈help＋人＋動詞の原形〉で表す。

(3) 「もし～なら，…するのに」という現在の事実とは異なることを表す場合は，〈If＋主語＋動詞の過去形…，主語＋would＋動詞の原形….〉の形になる。SNS は英語ではふつう social media と言う。

(4) 感情を表す形容詞のあとに that ～が続く〈I'm glad that ～.〉の形を使う。「あなたを幸せにしてくれる人」は someone who makes you happy となる。who は先行詞が「人」のときに使う関係代名詞。ここではあとに続く動詞の主語の働きをする。〈make A B〉は「Aを B（の状態）にする」の意味になる。

(5) 「人に～させる，人が～するのを許す」は〈let＋人＋動詞の原形〉で表す。

⑥ 問1 「そこで祖父はお米の育て方を私たちに教えてくれました」とする。〈how to ～〉「～のし方」を使い，〈show＋人＋how to ～〉で表す。

問2　補う1文の意味は「そのお米はいつも私が食べているお米よりもおいしかったです」。前後から食事をしている場面の位置に補う。直前から昼食を食べていることがはっきりしているので C を選ぶ。

問3　下線部は「キャロルは『私は少し（　　），だけどだいじょうぶ』と言った」という意味。逆接の接続詞 but に注目して（　　）に入る語を選ぶ。tired「疲れた」が適切。

問4　前置詞の目的語として使われるときの動詞の形は動名詞（～ing）。Thank you for ～ing.「～してくれてありがとうございます」は会話などでよく使う表現。

問5　祖父は電話で「お米はキャロルと分け合ってね」と言っている。〈ask A to ～〉「Aに～するように頼む」を使い，～には祖父が言ったことを入れる。

問6　ア「若い稲（＝苗）を植えるために，ミ

キコの祖父はミキコとキャロルを訪ねました」ミキコとキャロルがミキコの祖父の家を訪れたので，不適。

イ「ミキコの祖父はミキコとキャロルに会いに来て，彼女たちにお米の袋をあげました」祖父はミキコにお米を送ったので，不適。

ウ「ミキコとキャロルはミキコの祖父が作ったおにぎりを食べました」第2段落の最初の2文の内容と一致。

エ「ミキコとキャロルはお米を栽培することはかんたんだということを学びました」第2段落の最後の文に「田んぼで働くのはとてもたいへんだということを学びました」と書かれているので不適。

全　訳

　この前の5月，私は友人のキャロルと祖父の家に行きました。そこで祖父はお米の育て方を私たちに教えてくれました。キャロルと祖父と私は朝，田んぼへ行きました。小さな田んぼには水しかありませんでした。祖父が「きょう私たちは若い稲（＝苗）を植えるよ。キャロル，きみも参加してくれないか」と言いました。キャロルは驚きました。「ええっと，私にはむずかしいかもしれません」とキャロルは言いました。「かんたんだよ。私が教えてあげるから」と祖父が答えました。キャロルは「わかりました。ベストをつくします」と言いました。私たちは稲を植え始めました。私はキャロルが苦労しているのではないかと思ったので，キャロルに「だいじょうぶ？休憩しない？」と聞きました。キャロルは「少し疲れたけど，だいじょうぶ。お米を育てるのはたいへんな仕事ね！」と言いました。

　お昼ごろ，私たちは田んぼのそばで昼食を食べました。祖父が私たちに昼食のおにぎりを作ってくれました。そのお米はいつも食べているお米よりもおいしかったです！私たちは，田んぼで働くのはとてもたいへんだということを学んだけれど，楽しい時間を過ごしました。

　秋のある日のこと，祖父が私にお米の袋を送ってくれました。私はそれを受け取るとすぐに

祖父に電話しました。祖父は「手伝ってくれてありがとう。お米はキャロルと分け合ってね」と言いました。

　次の日，私はお米の一部をキャロルのところへ持って行きました。彼女は「これは私たちがあなたのおじいさんと植えたお米なの？すごい！来年もまた，あなたといっしょに行きたいな！」と言いました。

表現・語句

▶Will you ～？：「～してくれませんか」

▶it may be difficult for me：「それは私にとってむずかしいかもしれない」it は若い稲（＝苗）を植えることを意味する。

▶do my best：「ベスト〔最善〕をつくす」

▶have a hard time：「つらい時間を過ごす，苦労する」

▶made us rice balls：「私たちにおにぎりを作ってくれた」〈make ＋人＋もの〉で「人のためにものを作ってあげる」。

▶had a good time：「楽しい時間を過ごした」

▶sent me a bag of rice：「私にお米の袋を送ってくれた」〈send ＋人＋もの〉で「人にものを送る」。

▶on the phone：「電話で」

▶share the rice with Carol：「キャロルとお米を分け合う」share ～ with …「…と～を分け合う」

＊模擬テストの解説（和訳）は，編集部で作成，追加をしています。